Lic. Laura Podio &
Dr. Alfredo Lauría

Alimentación
Ayurveda

EDICIONES

Alimentación Ayurveda
es editado por
EDICIONES LEA S.A.
Av. Dorrego 330 C1414CJQ
Ciudad de Buenos Aires, Argentina.
E-mail: info@edicioneslea.com
Web: www.edicioneslea.com

ISBN 978-987-634-420-3

Segunda edición, segunda reimpresión.
Impreso en Argentina.
Abril de 2015. Arcángel Maggio-División Libros.

Podio, Laura
    Alimentación ayurveda. - 2a ed. 2a reimp. - Ciudad Autónoma
de Buenos Aires : Ediciones Lea, 2015.
    224 p. ; 23x15 cm.

    ISBN 978-987-634-420-3

    1. Medicinas Alternativas. 2. Ayurveda. I. Título
    CDD 615.882

Lic. Laura Podio &
Dr. Alfredo Lauría

Alimentación Ayurveda

EDICIONES

INTRODUCCIÓN

Nuestra historia con la medicina ayurvédica

Por Laura Podio

Es muy curioso pensar cómo nuestras vidas pueden ir tomando determinados giros.

Provengo de una familia italiana, cuyo interés por la comida era tal, que no era concebible una reunión familiar sin que ésta fuera abundante y generosa, hasta el punto de que nos dejara casi "anestesiados" ante los devastadores efectos de la digestión.

En mi casa paterna una heladera llena de comida y una alacena parecida a un almacén eran no sólo normales, también generaban una sensación de seguridad y prosperidad. No había felicidad mayor que la que brindaba el alimento.

Habitualmente estamos sellados por la tradición familiar, y cuando comprendí este hecho decidí no resistirme a esas influencias y asumir mi legado culinario. En un inicio comencé a seguir fielmente las tradiciones italianas, repitiendo las viejas recetas, las cuales me dieron una cierta autonomía en el uso de los ingredientes básicos y en la práctica de las diferentes cocciones.

Pasé a lo largo de los años por diversos estadíos. Los diferentes "ismos" (vegetarianismo, naturismo, etc.) culinarios se iban sumando a mi experiencia y los cursos de cocina que intentaba eran numerosos. De cada uno de ellos fui capitalizando aquellos recursos que me resultaban más útiles, sabrosos y prácticos para mi estilo de vida –es conveniente aclarar aquí que nunca fui un ama de casa que pudiese dedicar demasiadas horas a la preparación de los alimentos, por lo tanto siempre fue necesario para mí que los platos fueran prácticos–.

Casi al inicio de mi tercera década de vida hice mi primer viaje a la India, y eso cambió mi vida radicalmente.

El primer cambio se dio cuando en la aerolínea extraviaron mi equipaje, lo cual hizo que conociera a mi esposo y compañero de vida, Alfredo Lauría. Él había sufrido el mismo inconveniente, y nos encontramos en un taxi yendo de una ciudad a otra a recuperar nuestras valijas. Ese encuentro fue para ambos un punto de inflexión a nuevos cambios en todos los aspectos.

Explicar con palabras lo que es la India, con sus sabores y aromas, con su personalidad y costumbres, es casi inabarcable. De hecho, hay infinidad de programas de viajes en los que no se cansan de describir las costumbres locales de las distintas zonas del subcontinente. Sin lugar a dudas es una experiencia que se impregna de tal modo en nuestra memoria que es imposible ignorarla.

Me enamoré de la India, y así he viajado año tras año desde ese día. En mi segundo viaje comencé a recorrer distintas ciudades y, también, a experimentar los diferentes sabores; todo parecía exaltar los sentidos, todo era muy intenso...

Mi esposo, como médico que siempre indagó en profundidades filosóficas y con un criterio holístico de la medicina, hizo su propio recorrido, y desde años antes que yo (su primera visita a la India fue unos años antes que la mía) quedó prendado de la Medicina Ayurveda. Por supuesto me contagió su interés y juntos seguimos complementando los conocimientos. Gracias a él aprendí lo que tantos libros de autodidacta no me habían enseñado: con él comencé a entender la lógica del cuerpo humano y su funcionamiento a la luz de los conocimientos védicos. Había una lógica a seguir y eso me parecía fascinante.

Nada es dado al azar y para todo el mundo igual, los alimentos están vinculados con cada tipo de persona, incluso con la época del año, es más, también con el período de la vida.

Todo esto me atrapó y me sigue apasionando, es el conocimiento de la vida misma que nunca se agota.

Quisimos, entonces, acercarles a los lectores una pequeña porción de este alimento infinito. Una porción que los ayude a hacer pequeños cambios, graduales y no violentos, que les permitan disfrutar de su vida en salud y plenitud.

Esperamos que el recorrido que les proponemos les resulte útil y los ayude fundamentalmente a entenderse más, ya que esa es la condición esencial para aprender a cuidarse de verdad, sin tomar ejemplos masivos y sabiendo que cada uno de nosotros es una preciosa pieza única. Lo que es bueno para alguien tal vez no lo es tanto para otro.

A veces incluiremos palabras en sánscrito, que es el lenguaje sagrado de la India. El principal motivo es que actualmente tenemos a nuestra disposición métodos de investigación en nuestra casa (como por ejemplo Internet), y si llegáramos a traducir absolutamente todos los términos, y algún lector quisiera buscar más información, no tendría las palabras clave para la búsqueda. Por supuesto que los términos aquí utilizados serán traducidos al español y, también, explicados los conceptos.

La intención no es complicar la lectura, sino abrirlos a un mundo nuevo de sabores y cultura. Además, y en esto el ama de casa me va a acompañar, no hay nada mejor que sorprender a nuestra familia o invitados con una comida exótica... ¡la cual tenemos que saber cómo se llama!

Esperamos que disfruten como nosotros de este recorrido, lleno de nuevos conocimientos, sabores y aromas. Comenzaremos con algo de historia, pasaremos por los conceptos principales y con las herramientas para que cada uno de ustedes pueda conocer su propio biotipo, y luego vendrán las recetas que nos permitan conocer los sabores.

Para aquellos que crean que hay que cambiar todo el estilo de vida, les digo con certeza que no es así. Nosotros somos absolutamente occidentales, nos reunimos con nuestros amigos y hacemos una vida normal. Este es un conocimiento que amplía las fronteras, no las limita en absoluto.

Acérquense al conocimiento como lo haría un niño, con curiosidad y ganas de investigar... ¡Buen provecho!

PRIMERA PARTE

Información general sobre Ayurveda

I

Historia del Ayurveda

El Ayurveda, la ciencia de la vida, la prevención y la longevidad es el sistema médico disponible más antiguo y holístico del planeta en la actualidad.

En la India encontramos escritos sobre esta ciencia de casi 5000 años de antigüedad, pero sabemos que su historia se remonta mucho más lejos aún, por medio de la tradición oral de la religión védica.

El Ayurveda es una medicina total que maneja tanto el cuerpo como el espíritu.

Los cuatro Vedas son el cuerpo de conocimiento que da base al hinduismo. Uno de ellos, el Rig Veda, es el más antiguo conocido de los libros de lenguaje indo-europeo y data del año 3000 antes de Cristo. Estos libros son una recopilación de versos que porta la tradición oral y que se dividen en distintos temas como asuntos espirituales, astrología, gobierno, ejército, poesía, comportamiento y salud.

El Rig Veda se refiere al sistema de pensamiento conocido como Sankhya, que yace en la base tanto del Ayurveda como del Yoga, y contiene versos sobre la naturaleza de la salud y la enfermedad, mecanismos de formación de esta última y principios de tratamiento.

Dentro del Rig Veda se encuentran estudios acerca de los tres dosha o tipos constitucionales, Vata, Pitta y Kapha, y sobre el uso de las hierbas para curar las enfermedades del cuerpo y de la mente y promover la longevidad.

En otro de los Vedas, el Atharva Veda, se mencionan las ocho divisiones del Ayurveda:

- Medicina interna (Kayachikitsa).

- Cirugía (Shalyatantra).

- Ojos, oído, nariz y garganta (Shalakya Tantra).

- Pediatría (Kaumarabhritya).

- Toxicología (Agadatantra).

- Psiquiatría o demonología (Bhutavidya).

- Rejuvenecimiento (Rasayana).

- Vitalidad reproductiva y sexualidad (Vajikarana).

Los sabios védicos tomaron de esas escrituras los pasajes relacionados al Ayurveda, compilándolos en libros separados que trataran solo de esta medicina. Uno de esos libros, el *Atreya Samhita*, es el libro de medicina más antiguo del mundo. Los Brahmanes (sacerdotes) védicos no eran sólo sacerdotes que realizaban ritos complicados y ceremonias, ellos también se transformaron en Vaidyas (médicos ayurvédicos).

Los sabios-médicos-cirujanos de aquellos tiempos eran los mismos sabios o videntes, profundamente respetados como personas sagradas, que veían a la salud como una parte integrante de la vida espiritual. Se dice que recibieron el entrenamiento del Ayurveda a través del conocimiento directo durante la meditación. En otras palabras, el conocimiento del uso de variados métodos de curación, prevención, longevidad y cirugía provenía de la revelación divina: no hubo ninguna adivinación o prueba y daño a los animales. Aquellas revelaciones fueron transcriptas de la tradición oral en forma de libro, intercalando los otros aspectos de la vida y la espiritualidad.

Verdaderamente fascinante es el uso en Ayurveda de las hierbas, comidas, aromas, gemas, colores, yoga, mantras, estilo de vida y cirugía. Consecuentemente el sistema creció en un uso respetuoso y amplio en toda la India.

Difusión del Ayurveda

Alrededor del 1500 a.C., se delineó el Ayurveda en ocho ramas específicas de medicina. Había dos escuelas principales de Ayurveda en aquel tiempo. La escuela de médicos-Atreya y la escuela de cirujanos-Dhanvantari. Estas dos escuelas hicieron del Ayurveda un sistema médico más científicamente verificable y clasificable.

Gente de numerosas partes del mundo fueron a las escuelas ayurvédicas de la India a aprender esta medicina y las escrituras religiosas de donde había sido concebida. Los textos ayurvédicos fueron traducidos al árabe y se estableció como medicina islámica.

Este estilo se volvió popular en Europa, y ayudó a cimentar la tradición europea de medicina. En el siglo XVI, en ese continente, Paracelsus, quien es conocido como el padre de la medicina occidental, practicó y propagó un sistema de medicina que tomó innumerables conceptos prestados del Ayurveda.

Hay dos principales re-organizadores de esta medicina cuyos trabajos se utilizan intactos hasta hoy en día, son Charaka y Sushruta. Los tres principales textos ayurvédicos que son usados todavía son el *Charaka Samhita* (recopilación del más antiguo de los textos Atreya Samhita), *Sushruta Samhita* y el *Ashtanga Hridaya Samhita* —en los tres casos la palabra *samhita* se traduce como "colección"–. Se cree que estos libros tienen más de 1200 años de antigüedad.

Es gracias a que estos textos todavía contienen el conocimiento completo y original, que el Ayurveda es conocido en la actualidad como el único sistema médico completo existente. Otras formas de medicina tradicional de otras culturas, aunque a menudo paralelas en antigüedad, tienen partes faltantes de la información original.

Cuando hablamos de historias tan alejadas al momento actual, tenemos que considerar que existe la posibilidad de que algunos mitos se entremezclen con las historias reales. En diferentes culturas suceden fenómenos semejantes, en donde a determinados personajes se les atribuye la autoría de algunos textos pero luego de cotejar algunos datos históricos son interpretados como grupos o escuelas de pensamiento.

Pues bien, en la historia de los textos sagrados de la India suele suceder este hecho, con lo cual vamos a encontrar algunos personajes en donde se reúnen el pensamiento mítico antiguo con los hechos históricos reales.

El Ayurveda fue ampliamente diseminado en toda Asia hacia el Este, y Persia, Grecia y Egipto hacia el Oeste. Los invasores musulmanes de los siglos X al XII de nuestra Era destruyeron los centros ayurvédicos de enseñanza, marcando el final de una época de oro.

En el siglo XIX Gran Bretaña negó el patrocinio estatal y propició el cierre de las escuelas Ayurvédicas formales, dejando al sistema gurukula ("casa del gurú o maestro") como el método primario de transmisión de este conocimiento médico. A pesar de que Gran Bretaña continuó suprimiendo la educación formal en Ayurveda, el 80% de la población de la India confía en esta medicina para el cuidado de su salud.

Cuando la India obtuvo su independencia, el Congreso Nacional ofreció apoyo político al Ayurveda y otros sistemas tradicionales de medicina, lo cual condujo al reestablecimiento de las escuelas ayurvédicas en las universidades, ahora basadas en el modelo de las escuelas médicas alopáticas, con salones de clase y exámenes.

El Ayurveda es reconocido por la Organización Mundial de la Salud y se practica no sólo en la India sino también en Sri Lanka, Pakistán, Nepal, Malasia, Japón, Australia, Nueva Zelanda, Sudáfrica, Europa, Méjico, Sudamérica, Canadá y Estados Unidos.

II

El alimento es medicamento

A menudo nos preguntamos cuál es la razón por la que nos sentimos confusos o faltos de vitalidad... sin vincularlo con la última comida chatarra que comimos apurados y de pie, antes de volver corriendo al trabajo. También tenemos conciencia de que cuando estamos tristes nos sentimos mejor si disfrutamos un pedacito de chocolate.

Nuestras madres y abuelas nos han confortado con una buena comida casera, o con ese caldo natural cuando estábamos enfermos. La sabiduría popular enseña que los niños inquietos pueden tener parásitos intestinales, pero pocos vinculan los síndromes de déficit de atención con el alimento que consumen los más pequeños. Todos hemos experimentado la alegría de reunirnos a compartir una cena con amigos, pero conocemos también las consecuencias de habernos excedido con la comida.

La clave es entender que nuestro cuerpo, nuestras emociones y nuestra mente están de tal forma conectados que cualquier cambio que realicemos en el primero, por ejemplo, con nuestra alimentación, también afectará nuestra mente y emociones, de modo que aquello con lo que nos alimentemos se transformará en nuestros pensamientos y emociones. Entender esto es vital, ya que nos dará una dimensión diferente al cuidarnos de distintas maneras.

En Ayurveda hay un proverbio que dice: "tu alimento es tu medicamento, y tu medicamento es tu alimento".

En la India van aún más lejos, sosteniendo que se denomina alimento a todo aquello que llegue a nosotros a través de los sentidos. ¿Imaginan eso? ¿Cuántas veces tomamos nuestros alimentos mientras la televisión está encendida, en el peor de los casos con las noticias? ¿Cuántas veces no dejamos de comer a pesar de estar enojados o sumamente contrariados? Desde este punto de vista, tendríamos que regular también cuántas horas al día gastamos en ver televisión, o en alimentarnos de los dramas cotidianos, ingiriendo cantidades de material visual o auditivo nocivo para nuestra mente.

Desde el punto de vista puramente alimentario, y de acuerdo a los textos clásicos ayurvédicos, hay tres tipos de dietas:

- Sattvica: los alimentos que aportan vitalidad, energía, vigor, salud, alegría, felicidad. Con sabor suave y agradable, oleaginoso.

- Rajasica: los alimentos amargos, ácidos, salados y calientes, picantes, untuosos y quemantes. Producen pena, dolor y enfermedad.

- Tamasica: maloliente y displacentera, estacionada, sobrecocinada, impura o que produce rechazo, confusión y letargo.

Como es de imaginar, deberemos tender a elegir una dieta sattvica, para cambiar nuestro estado de ánimo y aclarar nuestra mente.

Gran parte de las alteraciones alimentarias actuales se deben a que ni siquiera prestamos atención a la calidad ni a la cantidad de alimento que consumimos... pero tampoco a nuestro estado anímico.

Una buena manera de comenzar a cambiar es observar nuestras conductas, enseñar a nuestros niños que hay otras maneras de alimentarse y que la alimentación natural no requiere de reglas complicadísimas que no podamos seguir. Hasta el viaje más largo comienza con el primer paso. Intentaremos darlo juntos.

La nutrición desde una perspectiva ayurvédica

Es importante aclarar, una y otra vez, que Ayurveda, como la ciencia de la larga vida, es un sistema completo, donde no sólo se apunta a la cura de la enfermedad cuando ya se ha manifestado en nuestro cuerpo, sino que fundamentalmente apunta a la prevención.

Es por ello que se encuentran en los textos clásicos tantas prácticas variadas de rutinas alimentarias y de estilo de vida, que de ser realizadas a conciencia, pueden evitar que enfermemos o al menos ayudarnos a reestablecer el equilibrio más rápidamente. Uno de los pilares en los que se apoya la prevención de la salud es la alimentación.

Algo tan vital y necesario como el alimento que ingerimos, la forma en que lo hacemos y las condiciones favorables o desfavorables de acuerdo a nuestra constitución física, son factores determinantes para la conservación de la salud, tanto física como mental y emocional.

Principios tradicionales sobre la alimentación

Los sabios de la antigüedad ofrecieron diez principios acerca de una dieta saludable y la forma en que debe ser ingerida. Se trata de consejos para un mejor aprovechamiento de los recursos y el cuidado de nuestra salud.

- El alimento debe ser caliente (usualmente cocido).

- Nuestra comida debe ser sabrosa y fácil de digerir.

- Debemos consumir una cantidad apropiada de alimento, ni muy poco ni demasiado.

- Los alimentos deben ser ingeridos con el estómago vacío, luego de haber digerido la última comida y no antes.

- Los alimentos deben ser compatibles y trabajar juntos sin contradecirse en sus acciones.

- Los alimentos deben ser ingeridos en un entorno placentero y con el equipo o los instrumentos necesarios para disfrutarlos.

- Las comidas no deben ser ingeridas apresuradamente.

- Tampoco debemos hacer que el acto de comer sea alargado innecesariamente.

- Debemos estar concentrados en el alimento mientras lo comemos.

- Es conveniente consumir solamente comidas que sean nutritivas para nuestra constitución particular y acorde a nuestro temperamento mental y emocional.

(Charaka, pXXXV)

Muchos de estos consejos parecen obvios, pero si miramos hacia atrás en nuestro modo de comer (incluso tomando en cuenta unos pocos días), observaremos que no cumplimos con alguno de estos preceptos, y a veces, con varios de ellos.

Desde la perspectiva ayurvédica el alimento es un medicamento y debe ser ingerido en la cantidad y calidad necesarias para la conservación de la salud. A menudo esto es un problema, ya que no tenemos una percepción clara de cuánta cantidad de alimento ingerimos, no tenemos un sensor para saber cuándo estamos satisfechos. Si tomáramos en cuenta la distribución de la energía en el planeta, podríamos comprender la importancia de consumir sólo lo que es necesario para cada uno. Una toma de conciencia de este tipo sería extremadamente útil en un planeta en el que millones de personas sufren hambre.

¿Por qué se recomienda que la comida debe ser "caliente"? Esto debe entenderse con un significado doble. El mayor de los objetivos en la nutrición ayurveda es que el alimento debe ayudar a la digestión y, desde este punto de vista, siendo el proceso de digestión gobernado por el elemento fuego, hay alimentos que tienen una cualidad "calentante" –se consuman calientes o no– que estimula el proceso digestivo

Por otra parte, cocinar el alimento ayuda a su correcta digestión, un ejemplo obvio de esto son las legumbres y los cereales, los cuales no podríamos consumir crudos. Además, la cocción incluye la virtud de eliminar posibles fuentes de contaminación bacteriana (seguramente un problema muy serio hace 2000 años), además de generar humedad y liviandad en muchos alimentos, cualidades ampliamente valoradas en Ayurveda por su habilidad de estimular y ayudar a la digestión.

Los tejidos corporales

De acuerdo al pensamiento ayurvédico, el cuerpo está constituido de siete tejidos vitales, denominados *dhatus*, que trabajan en conjunto para mantener el correcto funcionamiento del cuerpo.

Estos tejidos son:
• Rasa (plasma).

• Rakta (sangre).

- Mamsa (músculo).

- Meda (grasa).

- Asthi (hueso).

- Majja (médula y nervios).

- Shukra y Artava (tejido reproductivo).

Cada tejido nutre al siguiente, desde el más superficial al más profundo, de este modo, una condición en la cual la sangre (rakta) está malnutrida es menos seria y más fácil de equilibrar que una en la cual la médula (majja) esté involucrada.

En la fisiología ayurvédica también son descriptos los srotas, canales por donde fluye la energía. Si estos canales están bloqueados por algún motivo o sustancia de desecho, no pueden cumplir su función con efectividad. La energía, entonces, queda bloqueada en ciertas zonas del cuerpo y no llega a otras áreas, algo así como si las cañerías de nuestra casa estuvieran tapadas y el flujo de agua no llegara a nuestra ducha. Este concepto puede ser más claro para quien haya trabajado en diversas terapias corporales, en las cuales se practica permanentemente el correcto flujo de las energías vitales. Los srotas son los equivalentes energéticos de los vasos sanguíneos y los nervios. Además, son los que primeramente manifiestan un desequilibrio físico.

El tercer concepto básico en la fisiología ayurvédica es el del *ama* (desecho). Estamos hablando del desecho que se acumula en el cuerpo, en primer lugar, por la alimentación inadecuada y la mala absorción. Aquello que comemos o bebemos, así como lo que ingerimos desde el medioambiente (el aire que respiramos, la contaminación, y todos aquellos estímulos auditivos, visuales y táctiles a los que nos vemos enfrentados) si no puede ser metabolizado y eliminado, se estancará en nuestros tejidos y lo desequilibrará. A mayores cantidades de sustancias de desecho mayor será la tarea de nuestro organismo para eliminarlas. Paulatinamente quedan restos de esos desechos que se acumulan en aquellos lugares que son más "vulnerables" en nuestro organismo, lo que generará enfermedad. Un alimento que no pueda ser correctamente digerido o que no sea adecuado a nuestra naturaleza, generará *ama* en el organismo. No quiere decir que si lo consumimos una sola vez esto puede afectarnos de manera inmediata, pero si sumamos años y años de alimentación inadecuada seguramente tendremos más tendencia a desequilibrarnos.

En Ayurveda la salud puede ser preservada de dos maneras:

1-Apoyando y rejuveneciendo los tejidos vitales (dhatus) de acuerdo a la necesidad, por medio de la dieta apropiada y el estilo de vida.

2-Limpiando y removiendo cualquier obstáculo para facilitar el funcionamiento del sistema. Esto significa eliminar el ama y limpiar los srotas o canales de energía, bloqueados.

¿Cómo puedo determinar qué alimentos son los más nutritivos para mí?

Los textos ayurvédicos nos dan indicaciones generales con respecto a los alimentos: de acuerdo a Charaka, existen ocho factores que determinan la utilidad de los distintos tipos de éstos:

1. Naturaleza del alimento

Se refiere a las cualidades específicas de cada alimento, si es liviano o pesado, calentante o enfriante, etc. En sánscrito: Prakriti, la naturaleza de los alimentos.

También indica la naturaleza de la sustancia, el atributo esencial que termina definiendo al elemento, por ejemplo, la naturaleza del agua es ser húmeda.

Este atributo inherente se aplica a los alimentos, las drogas o las hierbas. Veamos un ejemplo aplicado a la alimentación: el garbanzo tiene una cualidad "pesada" y la lenteja es "liviana". La carne de cerdo es pesada y la de liebre, liviana.

2. Método de preparación

Incluye si el alimento está cocido o no, qué tipo de recipiente utilizamos para la cocción, cómo está saborizado, cuán limpio está. En sánscrito: Karana, método de procesamiento.

Son los distintos procedimientos de transformación que se utilizan en la cocina. Es el tratamiento que recibe el alimento al ser cocinado o procesado. En este procedimiento hay atributos que pueden cambiar en distintas formas o no, por ejemplo, hay atributos que permanecen inalterados por la dilución, pero la aplicación de calor en exceso puede quemar el polvo de cúrcuma, perdiendo así sus atributos terapéuticos y gustativos. Sin embargo, la mayor parte de las veces, la utilización del calor es muy útil para pre-digerir los alimentos y no provocar estrés digestivo (un trabajo excesivo para digerir un alimento), completando el proceso de alimentación en el intestino.

Otros procedimientos que se incluyen en este tópico son: limpiado o lavado, batido o agitado, almacenado o reposado, madurado, saborizado, impregnado, preservado, contenido.

3. Combinación

Cómo se relacionan entre sí los distintos ingredientes y platos. En sánscrito: Samyoga, combinación.

Es, precisamente, la combinación de dos o más sustancias. El resultado de este proceso es obtener atributos que no podrían expresarse por medio de un solo alimento en forma individual. En base a esto, algunos alimentos son incompatibles y otros tienen un efecto de "antídoto" entre sí, o sea que equilibran las cualidades excesivas mutuas o de uno de ellos. Algunos ejemplos de alimentos incompatibles son el ghee (manteca clarificada) con la miel mezclados en partes iguales, y el pescado con la leche (o los lácteos en general). Más adelante, incluimos un apartado para que puedan ampliar este tema.

4. Cantidad

La cantidad de alimento que se necesita para estar sano y saludable. Esto varía individualmente de acuerdo al grado de actividad, edad, medio ambiente, etc. En sánscrito: Rashi, la cantidad.

Esto sirve para dosificar la cantidad por los resultados, es decir, de acuerdo a su dosis, catalogarla como apropiada o inapropiada. Observemos aquí que se habla de "dosis", tal como si habláramos de medicamentos, ¿Recuerdan que el alimento es considerado medicamento?

5. Lugar o hábitat

La influencia del tipo de medio ambiente en el que uno vive o donde está comiendo. En sánscrito: Desha, hábitat del alimento.

Son los atributos de determinado alimento de acuerdo al lugar de siembra, crecimiento, cosecha, recolección y aclimatación a la región. Por ejemplo, un alimento o droga de la región montañosa, generalmente será fría, mientras que una de región cálida tendrá un atributo caliente. También será diferente el tipo de alimentos disponible en cada región, por lo que algunos serán más adecuados que otros.

6. Tiempo

Distintas consideraciones tales como la edad de la persona, la estación del año o si es de día o de noche. En sánscrito: Kala, el tiempo (también incluye el estadío de la enfermedad y el estado del individuo).

Este tópico involucra dos aspectos, el primero es el ciclo de día y noche, y el otro está relacionado con el estado del individuo (condición de salud y edad). Hay ciertas enfermedades que son más habituales en ciertas etapas de la vida, por lo cual habrá algunos recursos que se utilizarán en la cura y el equilibrio.

7. Indicaciones

La mejor manera de consumir nuestro alimento. En sánscrito: Upayogasamstha (las reglas que regulan la alimentación)

La mayor parte de las reglas de la alimentación dependen de los síntomas de la digestión, por ejemplo, las ensaladas parecen ser alimentos muy "livianos" para la mayoría de las personas, pero si la digestión no es muy potente estará "indicado" que esa persona las evite.

8. La persona que come

Una influencia vital y a menudo pasada por alto. Si un alimento es o no nutritivo depende en última instancia de la persona que lo come. Cada uno tiene una fisiología única, un estado de conciencia particular y un estado general de salud que influencia cualquier efecto del alimento. En sánscrito: Upayokta, estado de salud del individuo que los ingiere.

Este factor depende de la conciencia que tiene la persona del grado de salubridad que tienen los alimentos que ingiere.

Estos ocho factores están asociados con los efectos de utilidad y salud, o los efectos nocivos; y éstos están condicionados por la interacción de los diferentes factores descriptos anteriormente. La comprensión de estos conceptos nos puede ayudar para utilizar estas indicaciones en un sentido positivo para la salud.

¿Podré alguna vez tener una alimentación adecuada con estos ocho factores?

Los ocho factores que explicamos en el apartado anterior, a menudo parecen imposibles de abarcar, y habitualmente uno tiende a renunciar a seguirlos antes de haber comenzado.

Les proponemos que lo vean de esta manera: contando que en una semana hay al menos 14 comidas principales (almuerzos y cenas), habremos hecho un importante cambio sólo con modificar las condiciones de dos o tres de ellas.

Los cambios radicales y bruscos no se sostienen en el tiempo, con lo cual es preferible ir poco a poco cambiando las características de alguna de nuestras comidas, que pretender alcanzar la perfección absoluta en las primeras semanas.

Se estima que el tiempo razonable para hacer un cambio en la alimentación se completa en dos años aproximadamente. Les podemos asegurar por nuestras propias experiencias que en dichos períodos uno avanza y retrocede, pero siempre algo va cambiando en el estilo de vida.

No pretendamos ser quienes no somos, sobre todo en áreas tan vinculadas a las emociones primarias como lo es nuestra alimentación. Todo cambio que hagamos partiendo sólo de filosofías ajenas y sin una verdadera toma de conciencia, no servirá para otra cosa que para que nuestros amigos nos cataloguen como "raros", y que teman invitarnos a cenar porque no saben qué prepararnos para comer. No debemos permitir que nuestras costumbres nos aíslen de quienes amamos, ya que de esa manera sufriríamos y tampoco disfrutaríamos de nuestros alimentos.

Algunos consejos

Estos consejos son tradicionales y deberían ser tomados en cuenta para que el alimento sea realmente un medicamento para nosotros, una verdadera fuente de equilibrio y bienestar. La mayoría de ellos responde al más simple sentido común, como la mayoría de las indicaciones ayurvédicas. Una vez que entendamos eso, nuestra propia conciencia nos irá guiando para descubrir qué es adecuado para nosotros.

• Comer en una atmósfera tranquila. Una comida estando estresados enferma nuestra digestión.

- Evitar comer cuando estamos enojados o tristes.

- Siempre comer sentado.

- Comer únicamente cuando se siente hambre. Este es el indicador de que la comida anterior ya ha sido digerida.

- No hablar mientras masticamos. Además de ser una práctica de buenos modales, la masticación es el primer paso de la digestión, con lo cual debe hacerse a conciencia.

- Comer a un ritmo moderado, ni muy rápido ni muy lentamente.

- Esperar que una comida haya sido digerida para ingerir la siguiente. Esto implica un lapso de dos a cuatro horas después de una ingesta o comida liviana, y entre cuatro a seis horas luego de una comida principal.

- Beber agua tibia con las comidas. Esta es una costumbre raramente seguida en Occidente, pero es una excelente manera de ayudar a la digestión del alimento.

- Comer alimentos que complazcan todos nuestros sentidos. La comida debe ser atractiva desde lo visual, el aroma y, por supuesto, el sabor.

- Comer sólo hasta los dos tercios a tres cuartos de la capacidad de nuestro estómago, lo que facilita la digestión.

- No apurarnos al comer. No debemos abalanzarnos hacia la comida como un animal hambriento para una vez ingerido salir corriendo de la mesa.

- Comer en la más armoniosa y placentera atmósfera posible. Las opciones pueden ser pocas, pero siempre habrá alguna (como parar el auto a un costado del camino para comer antes de darle mordiscos a un sándwich mientras dura la luz roja de un semáforo).

- Comer en los horarios más regulares posibles. Nuestro cuerpo, incluyendo nuestro sistema digestivo, prospera mejor con la rutina. Es sorprendente lo bien que puede uno sentirse adoptando esta simple práctica.

- Ser agradecidos con el alimento que recibimos. Éste es un don de la abundancia de la Naturaleza y del esfuerzo de los seres humanos. Tomar el alimento es una conexión preciosa entre uno mismo y todos... y todo lo demás que lo provee. La gratitud es un reconocimiento de ese vínculo e inicia una actitud positiva para digerir nuestro alimento.

- Bendecir la comida. ¡Sí!, es una prescripción ayurvédica para la buena salud. Esto nos da una completa relación positiva que nos brinda el alimento.

- Sentarse en silencio unos pocos minutos antes de comer.

No nos sintamos culpables si no cumplimos todas estas indicaciones todo el tiempo. Éstos son consejos generales, no prescripciones rígidas para obligarnos dogmáticamente o para forzar que nuestros familiares nos imiten. Tratemos de asimilarlos gradual y confortablemente, como siempre debe hacerse con las sugerencias ayurvédicas. Naturalmente, observando cómo nos sentimos.

Combinación de alimentos

Ya mencionamos antes que la combinación de los alimentos es un capítulo muy importante en la Alimentación Ayurvédica, se la llama Ahara Viruddha, y sostiene que ciertos alimentos deberían evitarse en su combinación, principalmente debido a que se vuelvan tóxicos o a diferentes períodos de digestión, que harían que un alimento fuese asimilado mientras que el otro queda sin digerir en el tracto digestivo, provocando la formación de toxinas. Las comidas incompatibles son aquellas que agravan al Dosha y no se pueden expulsar fuera del cuerpo. El mejor tratamiento de la alimentación incompatible son tanto las medidas de desintoxicación como las de paliación.

Sin embargo, en muchas charlas hemos destacado la necesidad de no obsesionarnos con tantos detalles, que finalmente estarán limitando otros aspectos de nuestra vida, personal y social.

De todas maneras, queremos mencionar algunas combinaciones que deberían evitarse, sobre todo en su repetición permanente. Es decir que si alguna de nuestras comidas contiene una de estas combinaciones nada sucederá, pero que si todos los días las consumimos podremos desarrollar algún desequilibrio en nuestro fuego o energía digestiva, así como en la asimilación de nutrientes.

Aquí les brindamos una tabla de alimentos incompatibles a modo de resumen:

TIPO DE ALIMENTO	EVITAR SU COMBINACIÓN CON
Leche o yogur	Frutas ácidas o cítricos
Frutas	Alimentos con almidón como la papa, azúcar, fructosa
Melones, que se digieren más rápidamente	Granos (cereales), que se digieren lentamente
Proteína de la carne (energía caliente)	Proteína de la Leche (energía enfriante)
Leche (digestión lenta)	Melones (digestión rápida)
Alimentos fríos. En igual cantidad	Alimentos calientes. En igual cantidad

Evitar el agua Fría (helada)	
La miel no debe ser cocinada. Debe estar a menos de 50°C (tener precaución y endulzar las infusiones cuando están casi a punto de poder tomarse)	
Alimentos frescos	Con restos de alimentos
Frutas	Papas o alimentos con mucho almidón (el azúcar –fructuosa– se digiere más rápido que los almidones; en este caso la digestión de la fructuosa se ve obstaculizada y no adecuadamente digerida)
Ghee mezclado con miel en igual cantidad de cada uno de ellos	

¿Siempre las comidas incompatibles producen enfermedades? No, no siempre, y hay casos que han sido mencionados por los sabios de la antigua India que no nos producirán efectos adversos.

A continuación, estos casos:

1. La persona que hace ejercicio físico en forma regular.
2. La persona cuyo fuego digestivo le permite procesar la comida no adecuadamente combinada.
3. La persona con un buen metabolismo (fuego de los tejidos corporales).
4. La persona en el período de la edad adulta, ya que la digestión de los niños puede ser más delicada.
5. La persona con constitución fuerte (llamado en sánscrito Baala, resistencia).
6. La persona que está acostumbrada a comer alimentos incompatibles (concepto llamado en sánscrito Satmya, habituación).

III

Descubriendo la propia constitución física

Este es un punto fundamental para entender la dinámica ayurvédica y la única forma de saber cuáles son los alimentos adecuados para cada uno. Esta clasificación se basa en una teoría muy bien sistematizada que en Ayurveda se denomina "Teoría de la Creación", que sostiene que el Universo está formado por cinco elementos: espacio, aire, fuego, agua y tierra. Estos cinco elementos se combinan entre sí en diferentes proporciones y conforman todo lo creado, incluyendo nuestros cuerpos y las sustancias que componen nuestros alimentos. Comprendiendo ciertas reglas básicas es relativamente sencillo encontrar la lógica de esta teoría. Esto siempre nos resultó fascinante, ya que nada de lo que se indique parecerá desconectado o sin sentido, entendiéndose perfectamente por qué debemos hacer o no hacer determinadas cosas.

La combinación particular de energías que se vinculan en el momento en que entramos a este mundo, se conoce en Ayurveda con el nombre de *prakruti* o nuestra constitución innata.

Lo que hagamos con nuestra constitución depende de nosotros, ésta es la fuente de información de nuestra salud, vitalidad y bienestar. Si ignoramos sus necesidades también puede causarnos problemas.

Los cinco elementos se reúnen para formar tres tipos constitucionales básicos, éstos son Vata, Pitta y Kapha.

- Si predominan el Aire y el Espacio en nuestra constitución, tendremos la naturaleza de Vata.

- Si predominan el Fuego y el Agua, el resultado constitucional será Pitta.

- Si son el Agua y la Tierra los que predominan en el cuerpo, el biotipo será Kapha.

Por supuesto que todo esto no es tan sencillo. Podemos, tal vez, cuestionarnos acerca de esta tipificación esterotipada de las personas. Si todo fuese de esta manera sólo habría tres tipos de personas en el mundo. El tema clave aquí es la proporción en la combinación, y en esto no hay dos individuos idénticos, así como tampoco debe utilizarse el biotipo para justificar conductas desagradables o tendencias que atenten contra nuestra salud.

Entender más acerca de nuestra naturaleza y recursos puede ser muy útil para guiarnos en la salud y el cambio. Sin dudas, puede ayudarnos a entender que cada biotipo tiene diferentes necesidades y que mantener satisfechas dichas necesidades permite conservar la paz mental y la salud. También nos permite saber cuáles son los métodos terapéuticos más adecuados para cada uno.

La manera ideal de descubrir nuestro biotipo es a través de la consulta con un médico ayurvédico, quien dará el diagnóstico apropiado y quien, por medio de la toma del pulso y otras consideraciones, nos informará acerca de cuáles factores están equilibrados y sobre cuáles tenemos que trabajar con más empeño.

Trabajar con un experimentado médico ayurvédico es un recurso invalorable, sobre todo si nos enfrentamos a algún desequilibrio o síntoma. Pero debemos recordar que uno de los pilares del Ayurveda es la prevención, de modo que no hay que esperar a manifestar un síntoma para consultar a quien nos pueda guiar en el mantenimiento de nuestra salud.

Uno de los factores primordiales para mantener nuestra salud es nuestra alimentación y estilo de vida, de modo que en este libro daremos algunas valiosas herramientas para mantenernos sanos física, emocional y mentalmente.

¿Cómo puedo saber cuál es mi biotipo?

Cada biotipo tiene sus propias características físicas, emocionales y, también, atributos mentales, que nos permiten saber cuáles elementos tienen más preponderancia. El siguiente cuestionario puede ayudarnos a aclarar algunos puntos de nuestros biotipos, así luego podremos utilizar con mayores ventajas las recetas.

Es sumamente importante al responder este cuestionario, hacerlo con la mayor objetividad posible. En aquellos puntos en los que no nos sintamos seguros, tratar de preguntarle a alguien de nuestra confianza.

A veces hay puntos más claros y fácilmente perceptibles que otros, pero en nuestros seminarios y cursos a menudo han surgido preguntas que parecen elementales, pero que son absolutamente válidas como: ¿mis labios son gruesos, medianos o finos?, ¿la forma de mi cara es redonda o con forma de corazón? A veces creemos conocernos absolutamente, pero hay ciertos detalles con los que no somos objetivos. No dudemos en preguntar tantas veces como lo necesitemos.

Otro rasgo común es que a veces respondemos lo que nos gustaría ser y no lo que somos en realidad, sobre todo en el plano emocional y mental. A todos nos gustaría ser siempre pacíficos y buenos, pero la realidad es que a veces nos molestamos mucho o somos intolerantes. Hay que tratar se ser honestos y contestar lo más objetivamente posible.

La forma de puntuación es sencilla, deberemos marcar con una cruz en la columna en la que nos veamos identificados. A veces podemos descubrir que nos identifican carácterísticas de dos columnas, pues bien, también hay que marcarlas, intentando catalogar cuál es el rango predominante y cuál el secundario (usualmente usamos una cruz para el rasgo principal y un guión para el secundario).

Cuando tenemos que hacer el recuento, contaremos cada cruz con un punto y cada guión como medio punto, o sea, cada dos guiones contaremos un punto, y sumaremos al final de cada columna.

Es importante entender que todos tenemos características de los tres biotipos principales (de las tres columnas), pero habitualmente habrá una de ellas predominante, y a veces dos (en este caso se hablará de constituciones combinadas). Lo importante, en un principio, es ver cuál de las columnas es la predominante, eso nos guiará a entender nuestras características.

Cuestionario de determinación de la constitución

Estructura física

Tamaño al nacer	Pequeño	Normal	Grande
Estatura	Muy alta o muy baja	Mediana	Alto y corpulento o bajo y robusto
Peso	Ligero	Mediano	Pesado
Ganancia o pérdida de peso	Dificultad para engordar	Gana o pierde peso con facilidad	Le cuesta perder peso

Esqueleto/ estructura ósea	Ligera, delicada. Caderas/ hombros estrechos	Media	Grande. Hombros amplios/ caderas anchas
Articulaciones	Salientes, nudosas	Normales, bien proporcionadas	Grandes. Bien formadas y lubricadas
Musculatura	Poco marcada, tendones salientes	Mediana, firme	Llena, sólida

Caracteres físicos

Piel	Fina, seca, oscura, fría	Clara, suave, lustrosa, cálida. Muchos lunares	Gruesa, pálida o blanquecina, grasa. Fría
Pelo	Fino, moreno, crespo o rizado	Fino, moldeable, rubio o castaño rojizo	Abundante, grueso, lustroso ondulado, castaño
Forma de la cara	Alargada, angulosa, a menudo mentón poco desarrollado	En forma de corazón. A menudo mentón muy marcado	Ancha, plena, redondeada
Cuello	Delgado. Muy largo o muy corto	Proporcionado, mediano	Sólido, grueso
Nariz	Puede ser ganchuda, pequeña o estrecha	Definida, en punta, de tamaño mediano	Ancha, de punta achatada

Ojos - tamaño	Pequeños, estrechos o hundidos	Normales	Grandes, saltones
Ojos - color	Oscuros, marrones o grises	Azul claro, gris claro, avellana	Azules o castaño claro
Ojos - brillo	Apagado	Intenso	Atractivos
Dientes	Irregulares, salientes. Encías descarnadas	Tamaño mediano, amarillentos	Grandes, blancos, encías carnosas
Boca	Pequeña	Tamaño mediano	Grande
Labios	Finos, estrechos, tirantes.	Normales	Carnosos, gruesos

Funciones fisiológicas

Preferencias de Temperatura	Añora el calor	Le encanta el frío	Le molesta el frío
Sueño	Ligero, irregular	Reparador pero corto	Profundo, dormilón
Deposiciones y eliminaciones	Irregulares, estreñidas. Heces secas y duras	Regulares. Heces blandas	Eliminación lenta, copiosa, pesada

Nivel de actividad	Siempre haciendo muchas cosas. Agitado	Moderado	Apático
Resistencia	Agota rápidamente su energía y necesita luego recuperarse	Controla bien su energía	Mucho aguante
Transpiración	Mínima	Profusa, especialmente si hace calor. Olor corporal denso	Moderada, pero presente aún sin hacer ejercicio
Deseo sexual	Intenso, pasajero, fantasea	Fuerte, deseos y acciones a la par	Lento, mantiene después la pasión
Forma de hablar	Se atropella al hablar	Agudo, claro, preciso	Lenta, tal vez trabajosa
Fertilidad	Baja	Mediana	Buena

Aspectos psicológicos

Pensamiento	Superficial, con muchas ideas. Más pensamientos que hechos	Preciso, lógico, planea bien y consigue llevar a cabo sus planes	Tranquilo, lento, no se le puede apurar. Buen organizador
Memoria	Escasa a largo plazo aunque aprende rápidamente	Buena, rápida	Buena a largo plazo, pero le lleva tiempo aprender
Creencias profundas	Las cambia con frecuencia, según su último estado de ánimo	Convicciones extremadamente firmes, capaces de gobernar sus actos	Creencias firmes y profundas que no cambia con facilidad
Tendencias emocionales	Temor, inseguridad, ansiedad	Ira, arbitrariedad	Codicia, posesividad
Trabajo	Creativo	Intelectual	Asistencial, servicios
Estilo de vida	Errático	Ocupado, aspira a mucho	Constante y regular, quizás anclado en una rutina
TOTALES	**VATA**	**PITTA**	**KAPHA**

Ahora bien, puede ser que en algunos puntos uno se sienta inclinado a responder en dos columnas. También es posible que los Vata estén indecisos sobre qué contestar. Otro tema es que podemos estar incluidos en dos columnas, debido a que es habitual que estemos constituidos por *dos* biotipos, en ese caso estamos hablando de "bidóshicos", o sea dos doshas o tipos constitucionales. En estos casos las indicaciones sobre qué factores tomar en cuenta para el equilibrio, es observar cuál de los dos doshas es el predominante, y variar las rutinas en los cambios estacionales. Luego ampliaremos este tema.

Cómo equilibrar la propia constitución

Comprender nuestra constitución nos ayuda a mantenernos en equilibrio, paulatinamente vamos entendiendo ciertas cosas de nuestro comportamiento o nuestras preferencias: si permanecer al sol nos provoca malhumor en un día de verano, si preferimos las bebidas heladas y no soportamos la desorganización, si somos exigentes con nosotros mismos y con los demás, si el frío nos paraliza y necesitamos estar cerca de una fuente de calor, si tenemos millones de ideas muy creativas pero nos cuesta concretarlas, si no podemos mantener una rutina, si no nos acordamos de comer y en cambio podemos entrar en crisis si a la hora de la comida no nos permiten disfrutarla, si somos tranquilos y pacíficos –habitualmente de buen humor– hasta que nos hacen practicar deportes –los cuales detestamos–. Esta lista puede prolongarse por muchas páginas y me imagino a los lectores diciendo, ¡es cierto!, ¡eso me sucede a mí todo el tiempo!

Hay una lógica a seguir y, sin dudas, algunos de ustedes habrán leído cierta información acerca de los biotipos y así irán conociendo la lógica ayurvédica. Al ser éste un libro de alimentación, será ese el punto que tomaremos como eje principal, pero es necesario hablar de las características de los tres biotipos principales, algo así como repasar los conceptos ayurvédicos básicos. Comencemos entonces la tarea.

Vata

La persona en la que predomina Vata tiene como características principales rapidez mental, una verdadera flexibilidad y recursos creativos enormes. Vata está asociado con la movilidad, tanto mental como física. También, promueve el movimiento de todos los procesos corporales, de modo que es extremadamente vital para la salud. Uno de los propósitos en la dieta para Vata es fortalecer o equilibrar esa movilidad, de hecho, uno de sus desequilibrios habituales es la constipación.

La residencia primaria del Aire (Vata) desde lo anatómico es el colon, pero también puede encontrarse en abundancia en el cerebro, oídos, huesos, articulaciones, piel y muslos; en realidad, podemos decir que todo sitio en el cuerpo donde haya espacios vacíos es un lugar de Vata.

Además, tiende a incrementarse con la edad, lo que se demuestra con la aparición de arrugas y de sequedad de la piel, ya que otro de sus atributos es la sequedad. Pensemos que los elementos que constituyen este biotipo son el aire y el espacio, si tomamos en cuenta las características de estos elementos veremos que son livianos, secos, móviles y fríos.

Si tomamos en cuenta las estaciones del año, Vata es más predominante en el otoño, y ese es el momento en el que hay que prestarle más atención a la dieta para que se mantenga equilibrado.

La rutina también facilita fortalecer el movimiento de la energía más efectivamente. Cuando hablamos de rutina nos referimos a uno de los puntos más difíciles para implementar en este biotipo, generalmente son personas que incluso se jactan de su libertad, y de que no están atadas a nada, incluso los horarios de las comidas, las cuales pueden saltar sin gran esfuerzo. Pero justamente eso es lo que más los desequilibra, ya que pierden peso y humedad, lo cual también genera deshidratación a nivel intestinal y, consecuentemente, constipación.

Si tomamos en cuenta los momentos del día, Vata está más activo luego del mediodía hasta media tarde (de 14 a 18 hs) y en la madrugada (de 2 a 6 hs).

Dijimos ya que sus atributos, además de la sequedad y la movilidad, es que es liviano, frío, áspero, sutil, claro y disperso.

Para seguir con esta lógica, pensemos que cualquier cualidad que tenga un biotipo en exceso, lo hará agravar o desequilibrar, y las cualidades opuestas lo calmarán o lo volverán a su equilibrio.

Por ejemplo, los viajes largos desquician a Vata, especialmente en avión. El descanso, la meditación y la calidez los calma. Los ruidos fuertes, la estimulación continua, las drogas, el azúcar y el alcohol pueden desequilibrarlo, mientras que la música tranquila, los descansos, la respiración profunda y el masaje lo equilibran. La exposición al frío o las comidas frías realmente lo agravan, así como los productos congelados y los alimentos secos. Por otro lado, los alimentos cálidos y húmedos lo calman.

Los desórdenes Vata son notados principalmente en otoño e invierno. Algunos ejemplos: flatulencia, hinchazón, tics o movimientos involuntarios, articulaciones crujientes, piel y cabello secos, uñas quebradizas, perturbaciones nerviosas, la ya mencionada constipación y confusión mental o caos. Este último muchas veces se manifiesta como una imposibilidad de mantener un ritmo en su vida, desordenando sus costumbres. Estos disturbios mentales están habitualmente relacionados al temor, la ansiedad, o la pérdida de memoria (a menudo, a los tres simultáneamente). También las cirugías lo desestabilizan, especialmente en las áreas abdominales.

Cómo equilibrar a Vata

• Asegurarse de que las comidas sean calientes, húmedas y bien lubricadas. Las sopas, bebidas calientes y el arroz con un poco de aceite o manteca, son algunos ejemplos.

- Minimizar la ingesta de alimentos crudos, especialmente manzanas y la familia de las crucíferas (repollos, brócoli, coliflor).

- Evitar el frío extremo, así como los alimentos y bebidas fríos o congelados.

- Ingerir con mesura las legumbres, con algunas excepciones.

- Enfatizar los sabores dulces, ácidos y salados en las elecciones de alimento.

- Mantener una rutina regular.

- Crear el entorno más seguro y calmo que sea posible.

- Mantenerse cálido.

Los Vata necesitan calidez a todo nivel, desde los ambientes favorables y amigables hasta el alimento. El frío les causa contracción y rigidez, restringiendo el libre fluir del movimiento, tan vital para su bienestar. También necesitan calma, ya que su mente creativa es tan veloz que los ambientes excitantes o bulliciosos los afectan profundamente.

Las comidas crudas, siendo frías, toman más energía para digerir, y los Vata tienen por lo general un fuego digestivo muy variable; en un momento pueden tratar de digerir una simple fruta y lo logran con dificultad, mientras que en otro momento digieren fácilmente una comida mucho más pesada, pero por supuesto nunca saben cuándo se dará cuál opción (¿recuerdan que la característica de Vata es la movilidad?). Las crucíferas (repollo, coliflor, brócoli, repollitos de Bruselas) cuando se consumen crudos, pueden generar gas digestivo y esto es uno de los desórdenes comunes de Vata.

Una liviana ensalada de lechuga y brotes puede ser compensada aderezándola con vinagre y aceite, o se puede optar por ensaladas hechas con vegetales al vapor. Si somos

Vata y queremos elegir vegetales crudos, la mejor época para ello es el clima cálido, donde el calor compensará en parte el enfriamiento que los vegetales crudos causarán en nuestra digestión.

Las legumbres tienden a ser frías, pesadas y secas, lo cual no las hace muy favorables para Vata. Algunas legumbres son más apropiadas, por ejemplo, las lentejas negras (si tienen un libro de recetas indio lo encontrarán como *urud dal*) que son calentantes y pueden ser ingeridas en cantidades moderadas. El poroto mung partido (poroto de soja verde, mung dal o dal amarillo) es bastante bueno para Vata.

Algunos Vata pueden manejar bastante bien los productos de soja especiados, como el tofu o la leche de soja líquida. Otros no (la movilidad nuevamente), así que debemos dejar que el instinto nos guíe. Los productos lácteos son calmantes, especialmente si son tibios o calientes.

Los granos enteros calentantes lo fortalecen, especialmente el arroz basmati, el arroz integral, el arroz silvestre, la avena y los productos de trigo (salvo que haya alguna sensibilidad a alguno de ellos, como la de los que padecen la enfermedad celíaca). Ahora bien, los panes con levadura y el azúcar pueden causar gas en Vata. Los panes sin levar (como los chapatis, las tortillas al estilo mexicano, papadams, galletitas sin levadura y panes hachos con polvo de hornear o bicarbonato) son generalmente mejor tolerados. La pasta de cualquier tipo también es bien tolerada.

Las frutas son buenas para Vata, siempre que sean dulces, jugosas y bien peladas. No es recomendable la manzana, la pera, la sandía, el arándano o las frutas secas. Obviamente, lo que es muy seco o arenoso no les conviene, en cambio sí lo jugoso y dulce. Es mejor ingerir las frutas solas o al principio de las comidas (al revés de nuestras costumbres habituales, en donde la fruta es el postre que ingerimos al final de la comida) y no mezcladas con la comida principal (mal que nos pese por muchas deliciosas recetas gourmet). Si Vata elige frutas secas para comer, deberían ser remojadas o cocidas.

Los productos fermentados tienen efectos diferentes, algunos pueden encontrar que los pickles, las ciruelas umeboshi o las vinagretas son estimulantes para su digestión, pero otros pueden sentir que esto altera sus estómagos. Definitivamente deben observar su reacción corporal al alimento.

Los huevos son adecuados, aunque es mejor consumirlos levemente especiados. Por ejemplo, la mayoría de los Vata disfrutan de los huevos revueltos, los omelettes y las cremas. No todos pueden tolerar tan bien los huevos duros o fritos. Si es así, ¡a disfrutarlos!, si no, siempre tenemos la opción de los huevos poché.

La mayor parte de los dulces son bien tolerados si no desarrolla hinchazón abdominal debido a las harinas. El azúcar blanca es sobre-estimulante y por eso debe ser evitada, la mejor opción es el azúcar integral de caña o los jarabes y melazas.

Si estamos cocinando para nosotros mismos y otros Vata, la mejor elección es el aceite de sésamo o el ghee (manteca clarificada), por sus cualidades calentantes. Si estamos cocinando para nosotros y personas de diferente biotipo, el aceite de girasol es una buena opción neutral.

A pesar de que no les agrade, ya dijimos que la rutina es especialmente fortalecedora para este biotipo. Es notable el cambio que se observa al comer en horarios regulares a diario. Eso sí, hay que ir paso a paso. Algo común en Vata es el entusiasmo y el intento de hacer cambios rápidos. No nos cansaremos de insistir en que los cambios rápidos y demasiado masivos sólo duran lo que el agua entre los dedos, es preferible ir incluyendo unas pocas indicaciones cada vez y dejar que se vayan transformando en una costumbre. Les podemos asegurar que comenzarán a ver resultados de bienestar muy pronto.

Comiendo afuera

En su libro *Ayurvedic Cooking Book,* Amadea Morningstar sugiere excelentes estrategias a la hora de salir a comer a un restaurante. Queremos compartirlas con ustedes en estos párrafos.

Este es el biotipo que menos problemas tiene para la elección de restaurantes o tipos de comida, pudiendo elegir casi cualquier comida con muy pocas y manejables restricciones. Hay que ser moderados con las ensaladas y las montañas de comidas crudas. Los tomates o los platos basados en esta hortaliza son los que deben ser evitados, la combinación de la acidez del tomate con la pasta habitualmente no son bien tolerados por el sistema digestivo de Vata (en realidad, y no para intentar consolarlos, el tomate no es algo que ningún biotipo pueda manejar muy bien, o al menos no debería comerse en exceso). Pueden encontrar platos adecuados en cualquier tipo de restaurantes (tailandés, indio, chino, marroquí, etíope, mejicano, español o italiano). ¡A disfrutar!

Pitta

La persona que tiene biotipo Pitta en su constitución está dotada de determinación, una fuerte voluntad y, casi seguramente, un fuego digestivo fuerte. ¿Cómo podemos darnos cuenta de esto?, en general por el nivel de apetito y por la necesidad de calmarlo salvo que queramos enfrentarnos a un acceso de malhumor. Una persona con predominio de Pitta es de aquellos que pueden digerir casi cualquier cosa, raramente los escucharemos quejarse de pesadez estomacal o cuidarse porque algún alimento "les cae mal". ¡Si sufre de indigestión es porque realmente comió muchísimo! Pitta está asociado con los elementos fuego y agua, y a menudo lo que primero notamos en este biotipo es la cualidad feroz del fuego.

Los Pitta poseen gran cantidad de energía y de poder de iniciativa, así como un buen sustento de agni (fuego digestivo).

El asiento primario de Pitta es el estómago y el intestino delgado. Otros lugares son los ojos, la piel, la sangre, las glándulas sudoríparas y la grasa. Pitta (y la ambición de Pitta) predominan en la mitad del ciclo de vida, cuando somos jóvenes y adultos en la mediana edad. Es muy importante canalizar esta energía para fines específicos, así como aprender a expresar los sentimientos apasionados en una manera constructiva. En otras palabras, hay que crear y expresar. Algunas de sus carac-

terísticas son la competitividad y la capacidad de autosupera-
ción, estas cualidades deben ser observadas y mantenidas en
equilibrio para evitar que tomen características nocivas para sí
mismo y para los demás.

Los Pitta tienen excelentes cualidades para hacerse cargo de
sí mismos, sus vidas y sus procesos de curación.

Sus atributos son: oleoso, caliente, liviano, móvil y líquido.
Como ya dijimos con respecto a Vata, la idea es que cualquiera de esas cualidades en exceso puede desequilibrarlo, mientras
que las cualidades opuestas lo apaciguan. Por ejemplo, el verano
y el mediodía son los momentos en que predomina Pitta, frecuentemente es cuando se pueden experimentar desequilibrios.

En el verano, cuando el clima es cálido y los días son más largos, habitualmente nos deleitamos con actividades al aire libre
o tomando vacaciones donde seguramente estaremos expues-
tos al sol. Durante este tiempo los desequilibrios más frecuen-
tes de este biotipo son las insolaciones, los golpes de calor, los
sarpullidos, la irritación en la piel por contacto con plantas o la
irritabilidad en el carácter. Estos desequilibrios Pitta se calman
de forma natural cuando el clima se vuelve un poco más fresco. Por supuesto esto nos da la clave para manejar este biotipo.

Es importante elegir alimentos fríos en el verano, cuando
hablamos de alimentos fríos no necesariamente decimos helados, que seguramente serán la elección de Pitta apenas el clima pasa los 20 grados, sino que nos referimos a las cualidades
enfriantes de los alimentos.

Al decir frío estamos hablando de ensaladas, alimentos crudos y sabores dulces (con energía enfriante) entre los cuales se
hallan las proteínas e hidratos de carbono. Las comidas más
calientes es mejor dejarlas para otoño e invierno.

Los horarios del día en los que está más activo son entre las
10 y las 14 hs y entre la 22 y 2 am.

Si el elemento fuego se exalta, la persona Pitta podrá notarlo
por las siguientes señales: sarpullidos en la piel, sensación quemante, ulceraciones, fiebre, inflamaciones o irritaciones ocula-
res como conjuntivitis, colitis, dolor de garganta, cambios de
humor repentinos, irritación, frustración, ira, celos. El elemento

agua de su constitución puede a veces manifestarse en una gran producción de orina. Llevado al extremo de dieta y rutina inapropiada, los riñones pueden agotarse y la vitalidad característica de Pitta puede perder su brillo. Estas son señales que indican que la constitución necesita ser equilibrada.

Cómo equilibrar a Pitta

- Mantenerse fresco.

- Evitar el exceso de calor, vapor y humedad.

- Evitar el exceso de aceites, comidas fritas, cafeína, sal, alcohol, carnes rojas y especias picantes.

- Consumir frutas frescas y vegetales.

- Puede disfrutar algo de lácteos, queso cottage y cereales enteros.

- Incrementar los sabores dulce, amargo y astringente en la elección de alimentos.

- Buscar lugares donde corra el aire fresco.

- Confiar en los sentimientos propios y expresarlos de forma que nos ayuden a nosotros mismos y a los demás.

Para este biotipo, es mucho más fácil mantenerse calmo y equilibrado comiendo una dieta adecuada, y aunque a menudo su fuerte apetito puede inclinarlos a comer algo picante y extremadamente graso, hay que recordar que lo único que se logrará con eso es agravar sus características.

Mantenerse fresco es vital, se debe tomar el tiempo para encontrar un sitio de sombra en el mediodía de verano al aire libre, usar un sombrero o gorra para proteger esa mente activa. También, tomar un último enjuague frío luego de la ducha.

Todo esto calma a Pitta, en cambio, los baños de inmersión calientes, los picantes, demasiado sol, lo agravan.

La mayoría de los aceites, sal, alcohol, carnes rojas y especias picantes son considerados de cualidad calentante para el Ayurveda, de modo que pueden agravarlo. En cambio, en el caso de las frutas y vegetales, sólo el tomate y la papaya son considerados calentantes, de modo que la mayoría de los vegetales y frutas lo calman, mientras sean dulces y se coman sin la piel.

La mayoría de los productos lácteos son enfriantes en su naturaleza, esto incluye todo tipo de leches, quesos tipo cottage, la mayor parte de los quesos blandos y el helado. Los quesos duros, la crema agria, el suero de manteca (conocido en los países anglosajones como buttermilk) y el yogur deberían ser evitados, así como el exceso de grasa, sal o sabor ácido, que agravan el fuego de Pitta.

El yogur puede ser consumido agregándole especias y esencias adecuadas, en la sección de recetas verán que existen los "lassi", un tipo de dilución de yogur con agua y el agregado de distintas especias y esencias según el dosha.

Los cereales enteros son enfriantes y lo calman, éstos incluyen cebada, trigo y arroz basmati. Las galletas y budines de arroz son generalmente bien tolerados. La avena cocida, aunque medianamente calentante, reduce Pitta y esto los ayuda. Las personas de este tipo constitucional pueden elegir entre una amplia variedad de productos de trigo, incluyendo panes, muffins, galletas y pastas.

Los Pitta a menudo son atraídos por alimentos altamente proteicos y parecen necesitar un poco más de proteínas que los otros biotipos. La leche de cabra, de soja, el soufflé elaborado con huevos blancos (sí, los huevos de color son menos adecuados para este biotipo), el tofu y los quesos cottage no fermentados, todos son efectivos para equilibrar a Pitta. La mayoría de las legumbres, a excepción de las lentejas, que son calentantes, son excelentes, ya que tienen una cualidad fría, pesada, dulce y astringente que es ideal para este biotipo.

No olvidemos que su fuerte fuego digestivo también puede verse desbordado, de modo que no es aconsejable exagerar.

Consumir legumbres de tres a cinco veces por semana es razonable para no correr riesgos de explosiones intestinales; de todos modos, cada cual deberá chequear su propia respuesta y consumirlas acorde a la propia tolerancia.

Las hojas verdes como coles, hojas de nabo, diente de león, perejil y berro proveen el sabor amargo que Pitta necesita, y son una buena fuente de vitamina A, complejo B, calcio, magnesio y hierro.

Las especias enfriantes son una parte importante en la dieta que nos ocupa. Las mejores son: comino, coriandro, azafrán, eneldo, hinojo, todas las variedades de menta y perejil. También se pueden usar canela, cardamomo, cúrcuma, y pequeñas cantidades de pimienta negra, sal y/o cebolla dulce bien saltada (no cruda). El ajo, desafortunadamente, es el más agravante para este dosha y debería se evitado. Existen muchísimos Pitta con ancestros italianos que no podrían vivir sin ajo, en esto también hay que tomar en cuenta la resistencia digestiva, incluso la genética: por ejemplo, si tomamos en cuenta que descendemos de varias generaciones de comedores de pasta con ajo y queso, probablemente tendremos las capacidades orgánicas para manejar estas sustancias. De todas maneras conviene no exagerar, sobre todo si estamos manifestando un síntoma de desequilibrio. Si es así, hay que olvidarse del ajo y las pastas al pesto por un tiempo.

Con la fuerte cualidad de su fuego digestivo, la mayoría de los Pitta pueden manejar muy bien unas combinaciones de alimentos que harían desastres en cualquier otro biotipo. Deben permitir que la conciencia sobre su cuerpo los guíe, notando cuáles combinaciones alimentarias pueden manejar sin problemas y cuáles les causan mayores problemas a su digestión.

En cuanto a los dulces, el jarabe de arce, el jarabe de cebada, el azúcar y la miel pura joven (de seis meses o menos) son buenos para Pitta. En cuanto a los aceites y grasas, las mejores opciones son el aceite de girasol, el ghee (manteca clarificada) o la manteca sin sal, aunque por supuesto siempre con moderación. La moderación es para Pitta lo que la rutina es para Vata, o sea, poco común y difícil de lograr.

Comiendo afuera

Esto puede necesitar un cierto planeamiento. Los restaurantes vegetarianos, continentales, hindúes del Norte (o aquellos en que la comida se puede pedir medianamente especiada), japoneses y chinos les ofrecen una buena variedad de opciones en su salida, así como los que tienen mesas de ensaladas. Los Pitta son los afortunados que se pueden deleitar con los helados, si lo desean. La comida del Medio Oriente puede ser una buena opción, sobre todo si eligen los platos en los que haya menta (como el taboule), comino e hinojo (como la comida libanesa), siempre teniendo en cuenta que se deben pasar por alto los platos fritos y las opciones generosas de ajo.

Las comidas mexicanas, italiana, y las cadenas de comida rápida son lugares para frustrarse si alguien está siguiendo una dieta estricta para Pitta. La mejor apuesta es evitar las carnes rojas, los alimentos fritos, la cafeína, el alcohol y las comidas rápidas.

Kapha

La persona que tiene predominio de Kapha en su constitución estará bendecida con fortaleza, fuerza y resistencia. Este biotipo está asociado con los elementos tierra y agua, y con cualidades como fe, crecimiento, calma, fluidez y lubricación.

Las rutinas parecen ser fáciles de establecer y seguir para Kapha, pero debemos tomar en cuenta que frecuentemente los cambios en éstas son las que ayudan a crear una mayor salud, por lo que ayudarían a no estancarse, tanto física como emocionalmente.

Los niños, por ejemplo, tienen una gran cantidad de Kapha, sobre todo por estar transitando la época de este biotipo. Esto se evidencia en su suavidad, sus músculos blandos y su piel bien lubricada. Kapha va decreciendo con la edad.

Los desafíos que tiene que enfrentar son principalmente la inercia y la tendencia a poseer tanto objetos como personas, es decir, lujuria, avaricia y apego.

La comida y la seguridad son muy importantes para Kapha, claro que los otros biotipos también compartirán esta característica, en variados niveles, pero en esto Kapha es el rey.

Tomar conciencia sobre este aspecto, mantenerlo equilibrado y dejarlo ir puede ser curativo, a veces las viejas actitudes y creencias son sostenidas con tanta fuerza que se vuelven una fuente de desecho en nuestro cuerpo físico. Tales desperdicios pueden sentirse como familiares y seguros, nuevamente, difíciles para que un Kapha que tiende a apegarse los deje partir.

Un ejemplo de esto puede verse en alguien que tiene exceso de líquido en su cuerpo, y comienza a tomar hierbas diuréticas que lo ayudan a eliminarlo, pero de pronto comienza a sentirse deshidratado y sediento, entonces comienza a ingerir líquidos nuevamente cuando en realidad todavía tiene exceso de éste en sus tejidos. El cambio los desorienta, de modo que les cuesta mucho esfuerzo seguir adelante con el programa. O por ejemplo, imaginemos a una persona con sensibilidad digestiva a la leche y al trigo que se someta a una serie de técnicas de limpieza colónica. Por medio de estas técnicas serán limpiadas de su intestino grandes cantidades de mucosidad y desecho (llamado en Ayurveda "ama"). Esta mucosidad era, en parte, la reacción de años consumiendo las sustancias que desequilibraban a su organismo. Sin embargo, esta misma persona, puede descubrirse comiendo una enorme fuente de pasta con queso, algo que tal vez no había comido en años, sabiendo que ese alimento sólo creará más ama, pero luego de este tratamiento de limpieza sentirá que necesita estructura, o sea más ama, algo que le resulte familiar.

Kapha se asocia con lo oleoso, frío, suave, denso, pesado, viscoso, estático y lento. Sin dudas que la mayoría de las cualidades de esta lista suenan menos que glamorosas, pero la constitución de este biotipo era la más apreciada por los antiguos sabios. Los biólogos dan sustento a esta postura, atribuyéndole a estos atributos una importancia principal para el sostenimiento de la vida. Kapha resiste, a menos que se abuse de sus organismos resistentes durante mucho tiempo y de gran manera.

Su principal residencia es el pecho. Otros sitios de posible acumulación de Kapha incluyen sinusales, cabeza, garganta, nariz, articulaciones, boca, estómago, linfa y plasma. También, está relacionado con la producción de mucosidad. En cantidades apropiadas, la mucosidad es un útil lubricante, sin embargo, si está en exceso, es una fuente de congestión.

Un desequilibrio de Kapha probablemente se manifestará como resfríos, congestión, sinusitis, depresión, lentitud, sobrepeso, diabetes, edema (retención de líquidos) o dolor de cabeza.

Además, Kapha se acumula en períodos de luna llena y los biólogos han descubierto la tendencia del organismo a retener más fluidos en esos períodos. Las horas en que predomina en el día son de 6 a 10 hs. y de 18 a 22 hs.

Puede soportar una gran cantidad de ejercicio y lo necesita. Si se es Kapha, se puede tolerar más ejercicio intenso y mayor duración que cualquier otro tipo constitucional. También se será capaz de ayunar, como otros biotipos no podrían. Las reservas naturales del cuerpo sostienen durante un día de ayuno con escasas repercusiones. La tentación que se debe evitar es la de quedarse descansando en el sillón –con un estilo de vida "horizontal"– mirando televisión y comiendo aquellos dulces favoritos. Si esto no se evita, podrá comprobarse cómo la fuerza de gravedad tira hacia abajo de verdad, sobre todo en la zona del abdomen y las caderas.

Cómo equilibrar a Kapha

• Mantenerse en permanente actividad diaria.

• Mantener el consumo de grasas al mínimo, incluidos los alimentos fritos.

- Evitar bebidas y alimentos helados, y también cantidades excesivas de pan.

- Elegir alimentos calientes, livianos y secos.

- Beber no más de cuatro tazas de líquido por día.

- Preferir los sabores picante, amargo y astringente en la elección de alimentos y hierbas.

- Consumir preferentemente vegetales frescos, hierbas y especias.

- Consumir los suficientes carbohidratos complejos para mantener un adecuado insumo de energía.

- Permitirse el cambio, el desafío y la excitación tanto como sea posible.

Los Kapha necesitan variedad y estímulo en sus alimentos, amistades y actividades. Esto proporciona la perspectiva de sacudir viejos modos de experimentar el mundo, promoviendo los nuevos. También ayuda a sacarlos del estancamiento, lo cual les proporciona salud.

Ustedes notarán que las recetas adecuadas para Kapha tienen muy poco o casi nada de aceite. El aceite y la grasa lo incrementan como ninguna otra cosa, excepto, tal vez, los dulces y las comidas agrias. Si se necesita adaptar alguna receta de Vata o Pitta para este biotipo, lo primero que se debe hacer es reducir el aceite a una cucharadita o menos, sustituyéndolo con agua. Una dieta baja en grasas es una de sus mayores necesidades terapéuticas.

La mayoría de los lácteos son enfriantes, húmedos y pesados, igual que Kapha. Es mejor evitarlos.

Cuando se use aceite, una buena opción es el aceite de mostaza, que se consigue en tiendas de especialidades indias o en almacenes gourmet, es calentante y picante. El aceite de sésamo también es calentante, pero un poco pesado para Kapha.

El aceite de girasol es bueno para todos los doshas, debido a que es suave y neutro su sabor, además de ser una buena fuente de ácidos grasos poliinsaturados.

Un programa de alimentación liviana sería el ideal para todos los Kapha. Un desayuno liviano a base de frutas frescas y té. Para el almuerzo y/o cena son importantes los carbohidratos complejos para proveer fibra, minerales y vitaminas del complejo B. Los más livianos, calentantes y secantes, o sea, los más apropiados para este biotipo, incluyen: mijo, cebada, centeno, amaranto, quinoa, maíz, salvado de avena y avena tostada.

Una dieta reducida en proteínas parece ser un perjuicio para el cuerpo de Kapha a largo término. Entre otros efectos, parecen desequilibrar los mecanismos insulínicos, haciéndolos menos capaces de metabolizar las harinas. Claro que para elegir las proteínas tendremos que buscar aquellas livianas y bajas en grasas, especialmente las legumbres altas en fibras.

Cualquier cosa que ayude a la eliminación parece ser buena, ya que tiende a equilibrarlo (los mejores ejemplos son la cebada y las legumbres).

Los porotos aduki son especialmente recomendables, como así también los porotos negros, aunque éstos últimos son más difíciles de digerir. Se aconseja consumir con menor frecuencia los porotos y los productos de soja. De todas maneras, la leche de soja los agrava menos que los lácteos.

Lamentablemente para ellos, los helados y bebidas heladas, al ser fríos y pesados como Kapha mismo, no se recomiendan. También la sal y los líquidos incrementan su humedad, por lo tanto deben ser reducidos al mínimo.

Las comidas calientes y ligeramente especiadas, en cambio, son fantásticas para este dosha. La dieta ideal es la asiática y la latinoamericana (sin el agregado de queso): montones de vegetales, pimientos, jengibre, soja y fideos de trigo sarraceno con té bien especiado. Nada de lácteos o harinas.

Kapha puede incluir alimentos crudos en verano y en los climas cálidos, y elegir los platos más calentantes y pesados para los climas fríos. En general las comidas crocantes le servirán al máximo. El pochoclo o rosetas de maíz, es ideal, así como las galletas de centeno o las tortillas de maíz mexicanas, y los vegetales al vapor.

Comiendo afuera

Las opciones más placenteras son lugares que poseen mesa de ensaladas, también los restaurantes mejicanos (evitando los quesos y las opciones de fritos), vegetarianos, hindúes, chinos, tailandeses y japoneses (evitando el tempura y los rollos de huevo). Los restaurantes italianos o continentales pueden presentar opciones en los que Kapha se sentirá más limitado, a menos que se especialicen en grandes ensaladas y platos con vegetales.

Lo mejor que pueden hacer es mantenerse alejados de los locales de comida rápida, carne, dulces y frituras. Sabemos que no es el biotipo que más opciones tiene al elegir alimentos, pero pensándolo desde el punto de vista de la salud, es preferible alguna restricción alimentaria, si nos permite mantenernos saludables.

Algunas preguntas habituales

En la práctica, cuando una persona se acerca al pensamiento ayurvédico tiene ciertas expectativas y dudas. Trataremos aquí de responder, algunas de ellas que siguen a continuación:

- ¿La dieta ayurvédica me obliga a hacerme vegetariano?

- ¿La alimentación ayurvédica me ayuda a adelgazar?

- No me gusta la comida india, entonces, ¿no puedo seguir una dieta ayurvédica?

- Estoy embarazada ¿Cómo debo cuidarme?

- Estoy en el climaterio ¿Qué precauciones debo tomar?

- Quiero alimentar a mis niños lo mejor posible, ¿qué puedo hacer?

¿La dieta ayurvédica me obliga a hacerme vegetariano?

En principio, nos gustaría dejar en claro un concepto: la medicina ayurvédica sugiere cambios, pero no obliga a nada.

En cuanto a las carnes, no hay ninguna prohibición al respecto. De hecho, en algunos casos particulares se recomienda su consumo, a la manera de *prescripción*, como si fuera un medicamento específico para una enfermedad determinada. Por supuesto, muchos verán que nuestro libro no contiene una sola receta para cocinar carnes, y esto es, fundamentalmente, debido a que la tradición ayurvédica proviene, como sabemos, del subcontinente indio, el cual, con sus millones de habitantes, tiene más de un 80% de población que practica el hinduísmo, una religión que prioritariamente promueve el vegetarianismo, ya que al creer en la reencarnación de las almas, todos los seres se consideran sagrados y, mientras que los vegetales cumplen con su misión más elevada manteniendo la vida del hombre, los animales (todos ellos) están transitando el camino ascendente en la cadena de encarnaciones, por lo tanto no deben matarse para su consumo.

Solemos estar en desacuerdo con las personas que hacen una distinción en cuanto a temas de alimentación, pretendiendo que ser vegetarianos es mucho más "elevado" que consumir carnes. Es más, a menudo los vegetarianos muy extremos suelen ser muy violentos con sus allegados carnívoros, por ejemplo, con comentarios tales como: "cuando yo consumía carne era nervioso y agresivo, pero ahora… ser vegetariano me hizo más amoroso".

Sinceramente, no creemos en comentarios que expresan ideas de ese tenor, que lo único que provocan es aversión y una sensación de estar en "bandos opuestos".

La alimentación debería ser un tema natural. Cada cual puede preferir, o no, ciertos alimentos, y esto no debería generar discusiones al respecto.

Ayurveda plantea rutinas para la salud y, en el caso de las carnes, habrá variedades más adecuadas o no para cada biotipo. Por supuesto que se elegirán las carnes que no contengan grasas y que sean cocidas del modo adecuado y combinadas también adecuadamente. Todo médico o nutricionista ayurvédico podrá orientarlos en el tema.

¿La alimentación ayurvédica me ayuda a adelgazar?

Usualmente estamos acostumbrados a esperar que nuestros médicos "hagan el milagro por nosotros", esto es: tenemos una actitud en la cual queremos equilibrarnos y si tenemos síntomas queremos librarnos de ellos, pero no queremos cambiar nada.

La publicidad no nos ayuda al respecto, ya que hay muchos avisos publicitarios que nos indican que con tal o cual medicamento uno puede "seguir disfrutando" de aquellas cosas que nos hacen daño. Esto, sin dudas, incentiva nuestra idea de "deme una pastilla que me cure la indigestión, pero no me pida que deje de comer las frituras que tanto me gustan".

En cuanto al control del sobrepeso, también tenemos ciertas conductas "cómodas". La sociedad nos impone un modelo que queremos alcanzar, pero no estamos dispuestos a renunciar ni a la cantidad, ni al tipo de alimentos (grasas, hidratos de carbonos vacíos, frituras, alcohol), y tampoco queremos hacer ejercicio físico. Trataremos, sin dudas, de seguir la dieta de moda o las pastillas que prometan bajar varios kilos en pocas semanas sin variar los hábitos alimentarios. Todos sabemos que eso es no sólo poco probable sino que está muy lejos de ser saludable y de sostenerse en el tiempo.

Ayurveda propone programas integrales de tratamiento, que están diseñados para cada persona con el objeto de alcanzar su equilibrio. No son diseñados exclusivamente para adelgazar, salvo que haya un real desequilibrio en el peso.

El sobrepeso es un síntoma más dentro del síndrome de desequilibrio que involucra a la persona como una unidad psicofísica. El Ayurveda promueve, siempre que sea posible, remover las causas del desequilibrio y no tratar aisladamente un síntoma. Sabemos que la obesidad es una enfermedad "multicausal", que tiene un mecanismo de producción muy complejo y que combina factores que confluyen desde diferentes vertientes: genéticos, metabólicos, psicológicos, etc. Por esta razón la medicina ayurvédica no se limita sólo a prescribir una rutina alimentaria de bajas calorías para perder peso; sino que prescribe un programa de tratamiento para la persona tomada como una totalidad.

Esos cambios en el peso serán absolutamente graduales y dependerán del compromiso del paciente en su deseo de estar más sano. Así, cada paciente tendrá una gran responsabilidad a lo largo del tratamiento, porque la idea es ir paulatinamente cambiando la actitud hacia el alimento y el estilo de vida. No es una lucha contra la balanza, como a veces nos marcan los programas televisivos, sino una toma de conciencia sobre lo que es mejor para nuestra vida.

Las personas que estén muy acostumbradas a las dietas adelgazantes, verán que muchas preparaciones mencionadas en este libro son muy calóricas, pero para eso el profesional especializado en ayurveda deberá indicar cantidades, momentos, rutinas de vida, etc.

Además, cuando hablamos de calorías y no de nutrientes, tomamos sólo una suma aritmética, y no tenemos en cuenta la calidad de los alimentos que ingerimos.

Los cambios en la alimentación mejoran no sólo los síntomas físicos, sino también los mentales y, paulatinamente, si hubiera un desequilibrio en el peso, éste se equilibrará.

No me gusta la comida india, entonces, ¿no puedo seguir una dieta ayurvédica?

Ayurveda no es sinónimo de comida india aunque, por supuesto, una gran cantidad de recetas consideradas "ayurvédicas" proviene de esa culinaria.

Esto no debería ser un impedimento para llevar una rutina de equilibrio adecuado a cada biotipo, y ese es el motivo por el que colocamos las listas de alimentos adecuados para cada tipo corporal: para que sea posible consumir aquello que nos equilibra y evitar lo que nos desequilibra. Si no nos agrada el sabor de las especias típicamente indias, no deberíamos utilizarlas. Aunque sabemos de la importancia de su acción sobre el organismo, creemos que una comida consumida a disgusto siempre será perjudicial, no importa cuán saludable sea.

Queremos ser enfáticos en esto: los programas de equilibrio ayurvédicos son integrales y personalizados, por lo tanto un solo ítem (por ejemplo las especias en las recetas) no será jamás un impedimento para realizarlo.

En nuestra propia transición alimentaria, hemos utilizado muchas recetas provenientes del naturismo y la macrobiótica, las cuales tienen más sabores afines a nuestro paladar. Incluso, en este listado de recetas, hay muchas que provienen de esas fuentes.

Desde nuestra propia experiencia, la cocina india con sus especias no fue un amor a primera vista, sino un proceso de adaptación del paladar. En nuestros primeros viajes a India, prácticamente no podíamos comer nada debido a la cantidad de picantes que utilizaban, hasta que fuimos incorporando algunos de ellos (y no en mucha cantidad) a los platos cotidianos. Luego de poco tiempo realmente pudimos disfrutar de los sabores y de las combinaciones de alimentos de esa cultura.

Si definimos al alimento como todas aquellas sustancias que se incorporan al ser vivo para mantener esa vida, nutrirlo, hacerlo crecer y permitirle realizar sus funciones, también debería ser capaz de hacerle mantener la salud y la alegría. Si no disfrutamos de un alimento, no estará cumpliendo su función nutricional.

Estoy embarazada ¿Cómo debo cuidarme?

El embarazo representa uno de los momentos vitales de la mujer en que se ponen más de manifiesto sus temores y preocupaciones. Claro que, en la mayoría de los casos, es una etapa muy feliz y de plenitud.

Antiguos rituales védicos promovían un enorme respeto para la mujer que estaba llevando nueva vida en su vientre, y la tradición indicaba que la mujer próxima a dar a luz permanecía en un sector tranquilo de su hogar, liberada de las tareas domésticas, esperando el momento del parto como un regalo sagrado.

Por supuesto que no estamos proponiendo aquí que las embarazadas deben transformarse en vegetarianas o retirarse de las actividades. De hecho, cada persona hará las transiciones alimentarias que sean necesarias y que sienta que puede hacer.

En el caso de consumir carnes, debería optar por las carnes magras, en especial pescados de aguas profundas y evitar los excesos.

La elección de la dieta deberá ser aquella que mantenga saludable a la mamá y al bebé en formación, y que deje tranquila a la madre, de acuerdo con el médico que la acompaña en esta etapa de vida.

En el caso de la mujer embarazada vegetariana, ésta debe conocer la manera correcta de nutrirse, para que ella y su bebé transiten esta etapa de manera saludable.

Ya se ha derribado el mito de que la embarazada debe "comer por dos". La cantidad no es lo que importa, sino la calidad. Los cambios metabólicos y corporales que permiten el crecimiento del bebé en el seno materno, generan demandas nutricionales adicionales.

Toda mamá embarazada debería ser cuidadosa en la elección de los alimentos, prefiriendo legumbres, semillas oleaginosas, verduras y frutas. Debería evitar el azúcar refinada, los dulces con harinas blancas y grasas, así como las gaseosas. También deberán tenerse en cuenta los principios ayurvédicos de alimentación saludable, y si no es vegetariana, tomar los principios de transición alimentaria que ya mencionamos a lo largo de este libro.

De más está decir que no sólo es importante el alimento que la futura mamá consuma, y que el concepto de alimento es "todo aquello que entre por los sentidos", con lo cual, el acompañamiento de una dieta saludable siempre debería ser un estilo de vida saludable, que involucre actividad física apropiada: yoga para embarazadas, terapia de masajes con aceites especialmente preparados para este período, automasajes y actividades de meditación o relajación. La futura mamá, además de consultar a su obstetra que velará por la salud de ella y su bebé, también puede consultar a un médico ayurvédico, quien podrá complementar el tratamiento con aquellas prescripciones que sean necesarias para que este período sagrado sea pleno y feliz.

En la sección de recetas les estamos brindando una cantidad de leches y quesos vegetales para complementar la nutrición saludable.

Para las embarazadas que no consumen ni carnes ni leche ni huevos, las opiniones son muy encontradas. Muchos especialistas sostienen que es imprescindible complementar esta dieta con suplementos proteicos y vitamínicos, mientras que otros aclaran que ningún derivado lácteo o proteínas animales son necesarias si se toman las medidas nutricionales adecuadas.

Se suele argumentar que este tipo de dieta carece de las proteínas "completas" de origen animal necesarias para el crecimiento del feto y la producción de la leche materna. No es nuestra intención entrar en estas polémicas, ya que creemos que la alimentación es un proceso complejo y personal, para el cual deberán tomarse las medidas que sugiera el profesional encargado de la salud de la madre y el bebé.

Veamos cuáles son los nutrientes claves en el embarazo y en qué alimentos podemos encontrarlos:

Calcio

El alto contenido en boro (mineral importante para la calcificación del hueso) de la dieta vegetariana, junto con la exclusión de carnes, contribuyen a que el organismo retenga el calcio. Éste no está presente solamente en la leche. En los vegetales de hoja verde (espinacas, acelgas, brócoli, endivias), en los frutos secos y semillas, en el tofu (queso de soja) y en las frutas deshidratadas, se puede encontrar una buena fuente de calcio.

Hierro

El hecho de que la mujer embarazada no menstrúe hace que no pierda hierro, con lo cual no le faltará si lleva una alimentación saludable y completa. En el caso de que padezca anemia, se recomienda, a través del médico, la ingesta de suplementos de hierro y una dieta más equilibrada en ese sentido. El hierro está presente en semillas, frutos secos, legumbres, cereales, perejil, verduras de color verde oscuro y en muchas frutas.

Ácido fólico

Es necesaria la ingesta de ácido fólico antes de estar embarazada. Es un elemento que protege al feto de defectos neurológicos y malformaciones orgánicas. Podemos encontrarlo en el germen de trigo, verduras de hoja verde oscuro, levadura, frutos secos, arvejas, habas, naranjas, paltas o aguacates, cereales integrales, etc.

Vitamina B-12

La ingesta de esta vitamina durante el embarazo es importante para que el feto la almacene y no sufra deficiencias tras el parto. Se puede encontrar en alimentos fortificados como extractos de levadura, leche de soja (elegir la de cultivo orgánico), hamburguesas vegetarianas, además de los alimentos fermentados y algas marinas. En los cereales de hojas y en el cacao también se encuentra.

Estoy en el climaterio
¿Qué precauciones debo tomar?

A diferencia de la cultura védica, estamos en una sociedad que no ve con buenos ojos el paso del tiempo. En la antigua India, y también actualmente, las personas que pasaron los 50 años son venerados, porque se asume que tienen una sabiduría que contribuirá al crecimiento del mundo.

Occidente, en cambio, es reacio a aceptar que, por ejemplo, una mujer que ha llegado a cierta edad no tendrá el mismo físico que cuando tenía 20 años. Hay cambios corporales importantes que la mujer debe enfrentar y aceptar, y que deberían encontrarla con la sabiduría necesaria para transitar esta etapa de la vida con plenitud.

La medicina ayurvédica propone ciertos programas de tratamientos llamados *Rasayanas*, que literalmente significan programas de rejuvenecimiento, pero el concepto védico del rejuvenecimiento es algo diferente a lo que creemos en Occidente. Se trata de programas integrales en los que la tríada cuerpo-mente-espíritu se hallen en armonía. Son, por así decirlo, rejuvenecimientos "de adentro hacia afuera", en los que lo más importante es mantener una buena salud.

Ésta no solamente se ve en una piel estirada y sin arrugas, aunque probablemente una buena salud interna refleje una piel losana y brillante, una mirada con brillo, así como un cuerpo resistente y saludable.

La sabiduría védica dice que la mujer ha sido bendecida dos veces: una con la posibilidad de ser madre y otra con la menstruación, la cual permite una limpieza tanto fisiológica como energética de su cuerpo una vez por mes.

Al llegar a determinada edad, – variable en cada mujer–, la menopausia nos quitará ese proceso de limpieza mensual, y por lo tanto habrá que ayudar al cuerpo de otras maneras, con cuidados más especiales. Pero es importante entender que jamás se la trata como una enfermedad, por lo cual sería antinatural medicarla o intentar prolongar los niveles estrogénicos en la mujer de más de 50 años. Las medidas que se tomen en ese sentido pueden alterar el delicado equilibrio del cuerpo femenino, afectando su organismo. No se puede hacer una represa en un río sin alterar su curso.

Claro que alguno puede objetar que los síntomas vinculados al climaterio son incómodos: los calores, la sequedad vaginal y las consecuencias asociadas a la disminución de los niveles de estrógeno, o sea, la osteoporosis y el aumento del riesgo cardiovascular.

Es posible reducir los problemas asociados a la menopausia sin necesidad de recurrir al reemplazo hormonal, dejando esta alternativa para casos especiales y que lo requieran por determinadas situaciones clínicas o quirúrgicas, debiendo ser prescripto por el especialista correspondiente. La dieta y el cambio de estilo de vida son de extraordinaria ayuda para el climaterio. Y a ello se suma el aporte que puede brindar una terapia de suplemento natural, la fitoterapia, etc. y los programas ayurvédicos de equilibrio, que ayudan a restablecer la armonía.

Una dieta exclusivamente vegetariana también puede ser rica en calcio, siempre que se consuman las cantidades correctas de los productos que lo contienen y se realicen las combinaciones alimentarias adecuadas.

El exceso de grasas y proteínas animales que hoy puebla nuestras dietas, es el origen de buena parte de las enfermedades que sufrimos. Además, estamos sobrealimentados pero, a menudo malnutridos. Las dietas equilibradas aportan altas dosis de vitaminas, minerales y fibra, y son una muestra clara de las mejores virtudes nutricionales.

Si tenemos conocimiento de los alimentos que consumimos y su combinación, además de mantener un estilo de vida de acuerdo a las pautas que propone la medicina ayurvédica, podremos llevar a cabo un plan alimentario que sea lo más variado y rico posible a nivel nutricional, así como sabroso y gratificante.

Uno de los principales "fantasmas" con los que una mujer en período de climaterio se enfrenta es la pérdida de calcio. Éste es uno de los minerales más abundantes en el organismo. Sus mayores concentraciones se encuentran en los huesos y los dientes (hasta un 98%), aunque también está presente en la sangre, los músculos e, incluso, el cabello.

Para formar estructuras duras como las óseas, el calcio debe estar unido al fósforo, y su vía de absorción es el intestino. Pero, para que el calcio llegue adonde debe llegar, necesita una cantidad de vitamina D suficiente, así como con un correcto PH de acidez en el sistema digestivo, en la sangre y en los tejidos, y unas dosis de ejercicio físico. También son imprescindibles ciertas cantidades de grasa y proteínas para su asimilación.

La clave de un enfoque adecuado para la osteoporosis está en ayudar a la autorregulación del sofisticado y complejo mecanismo de absorción-reabsorción del calcio y el fósforo en el hueso. Éste no es un tejido que trabaja en forma aislada e independiente del resto de los tejidos y órganos, por esa razón hay que trabajar siempre en forma conjunta y en permanente comunicación e integración con todos los sistemas biológicos que mantienen la vida y el equilibrio del cuerpo.

Una dieta vegetariana estricta, en la que no se consume ningún tipo de lácteo, no es una dieta sin calcio. Recordemos que este mineral está presente en vegetales de hoja verde como las coles, en los cereales integrales, en los frutos secos, en algunos tipos de algas, en la soja y en otras legumbres. Sus concentraciones llegan a ser más elevadas que las de la leche, los yogures o el queso, y serían perfectos sustitutos de todos ellos si no fuera porque la disponibilidad de su calcio es menor. Esto quiere decir que el organismo aprovecha mucho mejor el que contiene un yogur que el que se encuentra en un repollo. La razón estriba en que los lácteos, además de calcio, contienen vitamina D y lactosa, y ambas contribuyen a mejorar la absorción del primero.

Un vegetariano estricto tiene que conocer muy bien la biodisponibilidad del calcio que ingiere, para ajustar su consumo a los requerimientos del organismo y así poder combinar correctamente los componentes de su dieta. Tampoco hay que olvidar que las necesidades de calcio varían con la edad. Durante la infancia, en el embarazo y tras la menopausia, las demandas se sitúan en unos 1200 miligramos diarios. Esta cantidad desciende a unos 800 miligramos al día en otras fases de la vida.

Aunque los lácteos son su mejor fuente, es aconsejable optar por alimentos como los yogures, más digestivos que la leche y repletos de microorganismos beneficiosos para el intestino, así como por productos bajos en grasa, ya que el calcio no se encuentra en este componente de la leche ni de sus derivados. Las recetas de lassi (yogur especiado) ayudarán y mucho a este propósito.

Hay otros factores que obstaculizan la absorción de este mineral: el exceso de sal, la cafeína y el alcohol actúan como una barrera para su aprovechamiento.

Es crucial mantener hábitos saludables: realizar algún tipo de ejercicio de forma regular, exponerse al sol, comer bien y saludablemente, y procurar no fumar.

El mantenimiento del peso es también un aspecto importante que hay que vigilar. Es un hecho relevante en estas etapas, ya que con la llegada de la menopausia se reducen los niveles de la "leptina", una hormona que contribuye en regular la sensación de apetito, produciendo más sensación de hambre y, consecuentemente, engordando. Los recortes en la alimentación ya no darán resultado, porque el organismo se acostumbrará a vivir con menos y reducirá el gasto calórico en lugar de recurrir a las reservas de grasa. Los hábitos que solían funcionar hasta este momento, ya no lo harán: no funcionará el pasar el día a base de fruta o acostarse sin cenar. El cuerpo no recibe suficiente alimento y, como defensa, ahorra y retiene lo que tiene.

En esta época hay que tener especial cuidado con los azúcares de absorción rápida (sacarosa, fructosa, lactosa), que nos van a engordar más que nunca. Lo mismo ocurrirá con las grasas que, si además las unimos a los azúcares, se convertirán en una bomba calórica difícilmente digerible.

La cuestión vital es ir haciendo cambios en nuestro estilo de vida, que nos ayudarán a mantener la salud. El climaterio no es una enfermedad sino una etapa más, una experiencia en la que el cuerpo sufre unos cambios significativos que abren las puertas a la adultez de cada mujer y que es bueno vivirla a conciencia y disfrutarla con toda la salud posible.

Es el momento de la vida en que los hijos y las obligaciones referidas a la maternidad han disminuido, es cuando la mujer se reencuentra con intereses postergados, o con una expansión profesional, o con una nueva carrera. Es un momento para disfrutar y seguir dejando huellas en el mundo.

Quiero alimentar a mis niños lo mejor posible, ¿qué puedo hacer?

Así como la mujer embarazada está preocupada por una alimentación saludable que permita que su hijo desarrolle todas las potencialidades, cuando su bebé nazca seguirá ocupada en esta noble tarea.

En la cultura védica hay rituales en los que se bendice a la madre para que tenga leche suficiente y nutritiva, así también, se toma como un punto muy importante en la vida del bebé cuando consume su primer alimento sólido.

El alimento, como ya hemos mencionado tanto, es un pilar que nos permitirá desarrollarnos en plenitud y salud, por lo tanto es vital educar a los niños para elegir los saludables, y nunca podremos educarlos desde la palabra, sino con nuestro ejemplo...

Los hábitos dietéticos se instauran en la temprana infancia. Las dietas saludables ofrecen a los niños la oportunidad de aprender a disfrutar de una gran variedad de alimentos nutritivos y, a la vez, sabrosos. Esto ayudará en su crecimiento y desarrollo intelectual, así como en el disfrute de otras actividades.

Está más que claro que el mejor alimento para los recién nacidos es la leche materna, y cuanto más tiempo sea amamantado el bebé, mucho mejor. De no ser posible el amamantamiento, hay diferentes fórmulas infantiles que son una buena alternativa y se encuentran ampliamente disponibles.

No debe utilizarse, en el caso de vegetarianos, leche de soja comercial. Los bebés poseen necesidades especiales y requieren una fórmula a base de soja que esté desarrollada especialmente para esos requisitos. Las mamás vegetarianas que están amamantando deberían también asegurarse de que incluyen buenas fuentes de vitamina B12 en su dieta, pues su ingestión puede influir en los niveles que llegan a la leche materna. Para esto deberán seguir las instrucciones de su médico. La leche materna o la fórmula infantil debería ser utilizada durante, al menos, el primer año de vida del bebé.

Alrededor de los cuatro o cinco meses de edad, se puede añadir otros alimentos a su dieta, introduciendo uno nuevo cada vez, a intervalos de una o dos semanas.

Sugerimos incorporar paulatinamente los alimentos de acuerdo al siguiente plan, el cual, por supuesto, debe ser supervisado por el especialista médico que se encarga de la salud del bebé:

- Entre los 4 y 5 meses: comenzar con papillas de arroz (que es el cereal que menos alergias provoca) mezcladas con un poco de leche materna o fórmula infantil. También se pueden preparar papillas de avena o cebada. Es importante no ir deformando el paladar o las preferencias de sabores del bebé. Recordemos que la leche materna es dulce y que, si bien la mayoría de los adultos preferimos los alimentos salados, no es necesario y es hasta inconveniente, el agregar sal a las papillas. No estamos haciendo comida a nuestro gusto, sino para un bebé que es sumamente sensible a los cambios de sabor.

- Entre los 6 y 8 meses se introducen las verduras. Deben estar bien cocidas y trituradas. Las papas, chauchas, zanahorias y arvejas son buenas opciones iniciales. También se introducen a continuación las frutas: banana triturada, palta, durazno o compota de manzana. A los ocho meses de edad, la mayoría de los bebés pueden comer galletas, pan y cereales inflados. Habría que evitar las harinas refinadas y el azúcar blanca, aunque hay que ser precavidos con los panes integrales con agregados de fibra, que pueden ser irritantes para su intestino. Las harinas integrales extra finas son la mejor opción para panes y galletas. Además, alrededor de los ocho meses, pueden empezar a comer alimentos más ricos en proteínas como el tofu o porotos alubias bien cocidos y triturados.

Los niños están en un período de la vida dominado por Kapha, es decir que todo el tiempo están creando estructura y tienen necesidades elevadas de calorías y nutrientes, pero su estómago es pequeño y no deberíamos habituarlos a la sobrealimentación. Kapha se caracteriza por generar estructura y también mucosidad, por lo cual habría que evitar aquellos alimentos que generan más mucosidad: las harinas blancas, el azúcar blanca y los lácteos en exceso (sobre todo aquellos lácteos industrializados, llenos de sabores artificiales y azúcar, que la publicidad nos ofrece diariamente).

Se puede ofrecer al niño variados aperitivos saludables, que no sean voluminosos. Se pueden incorporar jugos de vegetales mezclados con frutas, aunque no en excesiva cantidad, ya que puede hincharlos y quitarles espacio para el alimento sólido.

Es importante enseñar al niño a masticar muy bien antes de tragar, ya que la ptialina, una enzima contenida en la saliva, es la que comienza el proceso de digestión, permitiendo la mayor absorción de los nutrientes. De todos modos, aclararamos que masticar el alimento no debería ser un castigo, sino que debe ser enseñado como un juego, porque de otro modo sólo lograremos resistencia al proceso.

Los grupos de alimentos que deben incluir la dieta de los niños son:

Panes y cereales

Todos los panes, bollos, tortas, cereales calientes y fríos, pasta, cereales cocidos como el arroz y la cebada, y las galletas.

Legumbres, frutos secos y semillas

Cualquier legumbre cocida como los porotos alubia, otras variedades de porotos, las lentejas, las arvejas partidas, los porotos aduki, chauchas y garbanzos; el tofu, el tempeh, los sustitutos de carne, la proteína vegetal texturizada (la hay de soja o seitán); todos los frutos secos y cremas de frutos secos, las semillas y el tahina (mantequilla de sésamo).

Leche de soja enriquecida

Todas las leches de soja enriquecidas, en especial las preparadas en casa, y la fórmula para bebés o la leche materna para los lactantes.

Verduras

Todas las verduras crudas o cocidas que se pueden adquirir frescas y de estación, evitando las enlatadas o congeladas. También los jugos de verduras.

Frutas

Todas las frutas y los jugos de frutas naturales y hechos en el momento (ya que mantienen los nutrientes).

Las raciones recomendadas por los védicos son sencillas: para un adulto la cantidad de alimento a consumir en una comida es la que entra en sus dos manos colocadas en forma de cuenco, y para un niño la ración sería la que entra en una mano (la de un adulto) colocada de la misma forma. Más allá de perdernos en una cantidad de números y raciones, lo más importante es el sentido común, por lo que recomendamos seguir las siguientes sugerencias:

- Evitar la "monodieta", a pesar de que el niño sólo prefiera un tipo de alimentos, hay que ir incorporando, a veces por medio de un juego pero, fundamentalmente, desde el ejemplo, otros tipos de alimentos que completen la nutrición. Esto a menudo puede ir acompañado de una gran angustia de la mamá, quién piensa que su hijo morirá de hambre si se saltea una comida. Habría que recordar que el niño comerá aquello que se le presente amorosamente y si bien tendrá sus preferencias, nos "estará mirando más que escucharnos", por lo tanto, no podemos intervenir en la alimentación del niño sin cambiar nuestra propia alimentación. Dicho de otra forma, los cambios en la rutina alimentaria de un niño no se pueden hacer si los adultos y otros integrantes de la familia no hacen también un cambio. El niño va a adoptar alimentos que *ve* consumir a los adultos y a sus hermanos. Una estrategia que suele dar buenos resultados es hacer intervenir a los niños en la preparación de las comidas o bebidas, como son el caso de los jugos de frutas solos o combinados con vegetales; siempre proponiéndolo como un juego.

- Recordar que la alimentación es la que marca importantes conflictos vinculares, tanto en los niños como en los adultos, por lo que habría que evitar imponer premios o castigos a los alimentos ("si te portás mal no hay postre").

- Evitar la comida chatarra y las gaseosas, las cuales sólo aportan enormes cantidades de azúcar que dañan el organismo y ácidos que destruyen el esmalte dental, entre otros tejidos y tienen consecuencias peligrosas para la salud.

- Las golosinas industriales pueden ser reemplazadas por golosinas naturales y nutritivas, que si la mamá no puede realizar en casa, perfectamente puede comprar en cualquier tienda dietética. Los mix de frutos secos son excelentes sustitutos de las bolsas de caramelos.

- Un detalle muy importante: ¡no obsesionarse! Sin dudas que habrá gran cantidad de eventos sociales en los que los niños comerán todo aquello que se quiere evitar. Si mantenemos una actitud abierta entenderemos que la mayor cantidad de comidas en una semana la hacemos en casa, y si en ésta las opciones para elegir son saludables, sencillamente habrá pocas comidas que no lo serán, con lo cual nada de eso generará problemas con el niño.

No hay que ser ser tan estrictos y extremos, al punto de trasformarlo en un "bicho raro" entre sus compañeros de escuela, lo cual genera más inconvenientes que beneficios. La alimentación debe ser algo natural, placentero y saludable en todos los aspectos, no debemos trasformarla en una tortura diaria.

- Las reglas de alimentación desde la perspectiva ayurvédica, y las de transición alimentaria en el caso de los niños más grandes, son un excelente aliado para generar un paulatino avance en la preferencia de alimentos saludables.

- Recordar: ningún cambio que pueda ser sostenido es rápido, las cosas deben darse en su tiempo y modo, tanto en los adultos como en los niños.

- Ningún alimento, por saludable que sea, puede compensar la falta de ejercicio y contacto con la naturaleza en el niño, por lo tanto también deberíamos aumentar la frecuencia de actividades al aire libre y disminuir las horas frente a cualquier pantalla.

- Los alimentos deben ser variados, tanto en color como en presentación. A veces la misma comida presentada en maneras diferentes, con una decoración atractiva, la hará más placentera la hora de comer.

- Incluir leches vegetales (ver recetas) en forma de licuados o mezcladas con frutas, y disminuir los jugos concentrados y la gaseosas.

- Incluir germinados naturales (ver recetas) en ensaladas, preparaciones de cereales o emparedados.

- Un caso especial: en cuanto a los niños con trastornos de déficit atencional con o sin hiperactividad, hay estudios que relacionan esos trastornos con la calidad de la alimentación.

Una dieta saludable para estos niños debería incluir toda la variedad de alimentos saludables que mencionamos aquí, como frutas, verduras, cereales integrales, productos lácteos, proteínas magras y grasas saludables. Se ha estudiado que estos niños tienen menores niveles de ácidos grasos esenciales y que su ingesta mejora el comportamiento, por lo tanto es importante ofrecerles alimentos fuentes de los ácidos grasos omega-3, como el salmón y el atún. Sin dudas, es absolutamente necesario en estos casos evitar el consumo de azúcares refinadas, harinas blancas y alimentos muy procesados, optando por las opciones integrales y saludables. También se deben evitar las bebidas colas, los jugos artificiales y concentrados y los productos light, que contienen edulcorantes químicos. Si bien algunos especialistas no creen que el cambio alimentario ayude específicamente a mejorar el trastorno, es cierto que ayudará a generar rutinas saludables, algo esencial para niños con estas características. O sea, de todas maneras obtendremos beneficios con una alimentación natural para nuestros niños.

IV

Comprendiendo la nutrición ayurvédica: los sabores

La clave para entender la nutrición desde el punto de vista ayurvédico es el sabor, o *rasa,* y se utiliza de manera práctica en cada constitución o biotipo para curar y equilibrar. Desde el punto de vista ayurvédico, el sabor está compuesto de diferentes elementos, que explicaremos a continuación.

Queremos señalar que este es un tema aparentemente complejo, ya que dividir las acciones de un sabor determinado en el organismo puede parecernos exagerado, e incluso ilógico, pero debemos explicarlo si pretendemos que ustedes como lectores comprendan la acción y el porqué de elegir tal o cual sabor para determinado biotipo, y evitar otros. Es una aproximación para comprender cómo armonizarnos mediante el sabor.

El sabor que percibimos en la boca, la experiencia directa de éste, se denomina *Rasa*. Esto es lo más fácil de entender, ya que es aquello a lo que estamos habituados.

El segundo concepto es un poco más difícil de comprender, hay una cualidad de cada sabor a la que se denomina energía, potencia o intensidad, que en sánscrito se llama *virya,* y puede ser calentante o enfriante. Un sabor con energía calentante ayuda a la digestión, mientras que uno con efecto enfriante la hace más lenta.

El *virya* es una cualidad innata de cada sabor que tiene la capacidad transformadora o potencia de acción, la cual se pone de manifiesto cuando el alimento ya es absorbido y comienza a realizarse la interacción con el fuego digestivo. Es por eso que se lo toma en cuenta como efecto a mediano plazo. Sabemos que no es sencillo captar la idea de que un sabor dulce pueda tener un efecto enfriante sobre el cuerpo (quizás es más fácil si pensamos en el efecto calentante del sabor picante), pero es de vital importancia tomarlo en cuenta, ya que sabemos que los biotipos tienen a menudo excesos de frío o de calor en su naturaleza, por lo tanto al conocer las cualidades calentantes o enfriantes del alimento que consumimos entenderemos la dinámica de equilibrio y desequilibrio.

Cada sabor, también, tiene un efecto sutil a más largo plazo en el organismo y su metabolismo. Esto se denomina efecto post digestivo o *vipak.* Algunos sabores tienden a alivianar el cuerpo y promover la pérdida de peso mientras que otros tienen el efecto opuesto.

Cada uno de los seis sabores identificados en Ayurveda tiene sus propias cualidades o *gunas.* Un sabor puede ser seco, liviano, pesado, húmedo, etc. Estas características particulares de cada sabor influencian el efecto que tiene sobre nosotros, tanto de manera inmediata como a largo plazo.

Los sabores livianos son habitualmente más fáciles de digerir y asimilar, mientras que los pesados —desde el punto de vista ayurvédico— toman más energía a la digestión. Los sabores húmedos lubrican mientras que los secos deshidratan. Si, por ejemplo, tengo un fuego o capacidad digestiva débil y consumo principalmente alimentos pesados (que toman mucha energía para ser digeridos), evidentemente me sentiré más pesado y mi organismo ocupará gran parte de su energía en digerir lo que ingiero; por otro lado, si mi fuego digestivo es fuerte, podré manejar dicho tipo de alimentos con toda facilidad y sin perjuicio a mi organismo.

Uno puede preguntarse si es necesario comer o cocinar comida hindú para seguir un plan de equilibrio ayurvédico. Bien, la respuesta es no, ya que con el conocimiento de los sabores y su selección adecuada, uno mismo puede equilibrarse perfectamente sin conocer una sola receta de la India, aunque la cocina de este país cuenta con muchos ejemplos de platos equilibrados. Por supuesto, la mayor parte de las recetas que brindaremos en este libro tienen grandes influencias de la comida hindú, de la cual somos admiradores en cuanto a los sabores, sutilezas y texturas, pero no hace falta "mudarse" de cultura para lograr el estado de salud que pretendemos.

Abrirnos a nuevas influencias

Una nueva forma de alimentación requiere paciencia y curiosidad, ánimo de investigación y coraje de probar sabores a los cuales no estamos habituados, pero también debemos saber que cualquier receta de la abuela puede ser "reciclada" a la manera ayurvédica para que no traiga inconvenientes ni en nosotros ni en nuestras familias.

Recordemos nuevamente que todo cambio duradero debe ser gradual. Si como amas de casa y madres de familia pretendemos cambiar de un día para otro los platos habituales podemos generar algunos conflictos, y si eso continúa, al poco tiempo abandonaremos la tarea, hartas ya de las discusiones diarias. Este tipo de cambios tiene que darse poco a poco, intercalando una comida a la vez, tratando de que los sabores nuevos no sean invasivos o desagradables.

Los sabores pueden ser equilibrados fácilmente en la cocina occidental tanto como en la oriental. Lo más importante es familiarizarse con ellos y sus efectos, de esta manera los podremos usar para asistirnos en la creación de un mejor estado de salud, sin por ello dejar de disfrutar comidas deliciosas.

De alguna forma, los sabores en Ayurveda son usados como los colores en la pintura, a veces solos para lograr un efecto particular, y a veces combinados para crear otros resultados, equilibrando los efectos de uno y de otro y enfatizando alguna de las cualidades en común.

Veamos ahora cuál es la composición de cada sabor.

El sabor dulce

El sabor dulce está compuesto por los elementos tierra y agua, y tiene una energía o *virya* frío. Esto significa que su efecto inmediato para la digestión es enfriarla y hacerla un poco más lenta, siendo medianamente inhibidor del fuego digestivo. Su *vipak* o efecto post digestivo es dulce.

El dulce tiende a ser pesado y húmedo, por lo tanto crea pesadez y humedad tanto a corto como a largo plazo. Lo que significa que los alimentos dulces como azúcar, caramelos, postres y helados incrementarán la estructura, la humedad y el peso corporal cuando son consumidos en exceso. Esto no nos sorprende, ¿verdad?

Cuando lo consumimos moderadamente es el sabor que más nos satisface, siendo un excelente estimulante para el crecimiento y la fortaleza. Aunque destacamos nuevamente el término "moderadamente".

En Ayurveda, la palabra "rasa" también significa sentimiento o emoción, y cada uno de los sabores tiene un efecto sutil emocional o mental en nuestra conciencia, así como una respuesta física.

Consumido equilibradamente, este sabor promueve un sentimiento de amor y bienestar, un auténtico y profundo sentimiento de satisfacción. Pensemos incluso cómo hablamos de alguien que nos agrada y lo catalogamos de "dulce". También los regalos tradicionales vinculados con el amor son los dulces y los bombones.

Consumido en exceso, puede inducir a la complacencia y la inercia. Pensemos en la necesidad de dulce en situaciones emocionales de tristeza, en las que no salimos de nuestro sillón mientras devoramos, sin pensarlo, grandes cantidades de caramelos y chocolates.

El sabor dulce tiene un efecto similar en la digestión, tiende a ser medianamente satisfactorio especialmente luego de una comida. Al mismo tiempo, al ser enfriante, no estimulará la digestión, simplemente provocará la sensación de satisfacción.

A menudo nos surge un sentimiento de alivio al consumir algo dulce, por esta razón es el sabor que más calma la nerviosa energía mental de Vata, a los cuales les aporta fortaleza extra en forma de tierra y agua (sus componentes principales). Esos mismos elementos en la enfriante forma del dulce calman a Pitta. Kapha, por otro lado, puede ser sobrecargado por este sabor. El dulce le ofrece a este biotipo lo que éste ya tiene en abundancia: frío, humedad, tierra y agua, lo que rápidamente puede conducirlo a la inercia.

Hablando del sabor dulce: stevia rebaudiana

Sabemos que muchos de nosotros no podemos tomar ciertas infusiones o bebidas sin un edulcorante, pero también sabemos que los edulcorantes artificiales son completamente perjudiciales para la salud. Pues bien, tenemos actualmente a disposición un edulcorante totalmente natural, la stevia rebaudiana. Esta hierba, usada desde hace mucho tiempo por los indios guaraníes, es conocida también como "hierba dulce", y ofrece una gran cantidad de beneficios para nuestra salud. *No tiene calorías y sí efectos beneficiosos en la absorción de la grasa y la presión arterial. Contiene carbohidratos, proteínas, vitaminas y minerales.*

La stevia en su forma natural es 15 veces más dulce que el azúcar de mesa (sucarosa). Y el extracto es de 100 a 300 veces más dulce que éste.

Además, no afecta los niveles de azúcar sanguíneo, por el contrario, varios estudios han demostrado sus propiedades hipoglucémicas, mejorando la tolerancia a la glucosa, siendo por esto recomendada a los pacientes diabéticos.

La stevia es muy importante en una dieta para perder peso, no solo porque ayuda a disminuir la ingesta de calorías, sino porque reduce los "antojos" o la necesidad de estar comiendo dulces.

Puede disolverse el polvo en agua y luego usarla en gotas o cucharadas o cucharaditas. Se encuentra en las tiendas naturistas o dietéticas en forma líquida y en polvo.

Se pueden utilizar sus propiedades endulzantes en distintas preparaciones: con el cereal con leche, en preparaciones al horno como postres y galletas, en bebidas, en ensaladas de frutas... Es una buena opción, sobre todo para los biotipos Kapha, quienes en general tienen debilidad por los dulces.

El sabor ácido

El sabor ácido consta de los elementos tierra y fuego. La cualidad calentante del fuego predomina en el *virya* o energía del sabor, haciéndolo calentante. El sabor ácido promueve la digestión y tiene un efecto medianamente calentante en el cuerpo entero. Su *vipak* o efecto post digestivo es, obviamente, ácido, lo que significa que continúa calentando al cuerpo tanto a corto como a largo plazo. Cualquiera que haya sufrido de úlcera o gastritis duodenal habrá experimentado este efecto calentante como algo muy displacentero.

Otras cualidades asociadas con el sabor ácido son un tipo medio de pesadez y humedad. El calor, la humedad y la estructura de este sabor benefician a los Vata, ayudando a estimular la digestión de sus organismos.

Pitta puede experimentarlo de manera contraria, ya que el calor de este sabor es más del que Pitta necesita.

La suave pesadez y humedad de este sabor pueden ser opresivas para Kapha, causándole retención de líquidos y aumento de peso. Si lo consume necesitará equilibrarlo con otros sabores.

Para Vata, los alimentos ácidos como las ciruelas umeboshi,

los pickles o un poco de limón, serán excelentes estimulantes para su frecuentemente delicado sistema digestivo.

A nivel mental y emocional, una pequeña cantidad de sabor ácido nos brinda un refrescante sentido de la realidad. Tiene una cualidad por la que es como un despertador que nos trae nuevamente a la realidad. Una cantidad excesiva, por otro lado, puede provocar envidia, celos, pesimismo y cinismo. De hecho, en el lenguaje popular se considera que existe un humor ácido, o que las personas son agrias cuando son muy cínicas.

Una y otra vez vamos a repetir que lo importante es el equilibrio, una pequeña cantidad nos "despierta" y una cantidad excesiva nos lanza a la envidia y a la irritación.

Los ejemplos más comunes de alimentos ácidos son los limones, las frutas ácidas y las cítricas, las uvas agrias, el vinagre y los pickles.

El sabor salado

Los elementos que constituyen al sabor salado son el fuego y el agua. El primero le da su efecto de energía calentante o virya. Al igual que el dulce y el ácido, el sabor salado tiende a ser algo húmedo y pesado. Mientras que el dulce es el más pesado y húmedo de los sabores y el ácido el memos húmedo y pesado, el salado está en medio de los dos. Puede estimular a la retención de líquido corporal mucho más rápido que el sabor ácido, aunque no promueve el aumento de peso tan rápido como el dulce.

Su efecto post digestivo o vipak es dulce, esto significa que siendo en primer término calentante, su efecto a largo plazo en el organismo no lo es tanto, pero es húmedo y genera estructura. Este efecto a largo plazo puede ser visto en la capacidad de retención de líquidos que se observa en la gente que consume muchas comidas saladas.

Debido a que el salado es medianamente calentante, estimula levemente el fuego digestivo o *agni*.

Vata lo encuentra beneficioso por su calor y por retener la humedad.

Pitta puede encontrar su calor como causa agravante.

En Kapha la situación es engañosa, ya que debido a su calor parecería estimularlo pero la tendencia a retener líquido y aumentar de peso puede resultar contraproducente. Lo mejor es moderarlo.

El efecto del sabor salado en la mente y los sentimientos cubren un gran rango. Una pequeña cantidad puede conducirnos a ser francos, directos y estructurados. Su uso excesivo puede generar variados resultados. En algunas personas puede producir una mente rígida, demasiado estructurada y contraída. En otros puede resultar en un urgente y permanente deseo de gratificación de los sentidos. Estas dos tendencias pueden unirse en una persona que experimenta un verdadero placer en ser "correcta" en todo momento. La cualidad adictiva del sabor salado se puede observar en variados *snacks* como las papas fritas, que son realmente adictivos. Una vez que comenzamos a comerlos, difícilmente podemos parar antes de terminar el paquete.

La sal es usada en nuestra cultura para estimular y gratificar las glándulas suprarrenales, en la misma forma que algunos usan la cafeína. De hecho, la mayoría de nosotros tenemos nuestro sentido del gusto deformado por el uso excesivo de sal, y consideramos que un alimento "no sabe a nada" si no tiene bastante de ésta, estará desabrido (sin sabor = sin sal).

Pequeñas cantidades de sal pueden ser excelentes para promover y ayudar a la digestión. Grandes cantidades pueden generar un organismo anegado de fluídos e inmóvil (como en algunos cuadros cardíacos) o irritado y exhausto.

Los alimentos salados incluyen, obviamente, la sal, las algas marinas, *snacks* variados aderezados con sal y la comida rápida y enlatada, que se caracteriza por un alto contenido de ésta además de conservantes.

El sabor picante

El sabor picante está formado por los elementos aire y fuego. Es el más caliente de todos los sabores y el más estimulante para la digestión. Es liviano y muy seco por naturaleza. Su *vipak*, o efecto post digestivo, es picante, esto significa que permanece caliente, liviano y seco en su efecto en el cuerpo desde el principio hasta el final.

Por esta razón, es un maravilloso equilibrante para Kapha, secando y calentando su exceso de humedad.

Pequeñas cantidades de picante pueden ser útiles para Vata, especialmente en conjunción con otros sabores menos secantes. Calentará y estimulará su digestión, aunque consumido en grandes cantidades —debido a la liviandad y sequedad— creará movimientos extra y deshidratación en el organismo (por ejemplo: diarrea, boca y piel seca, etc.). Si Vata quiere consumir picante lo puede combinar con los sabores dulce, ácido y/o salado, siendo esta combinación frecuente en los curry indios.

El calor y la liviandad del sabor picante pueden contarse como agravantes de Pitta y lo mejor es combinarlo con otros sabores o evitarlo totalmente.

Su efecto en la conciencia y las emociones es animar o acrecentar el movimiento apasionado. En moderación, el picante puede lograr un movimiento corporal, calentándolo, manteniéndolo motivado. Puede ser el que más despeja. Un ejemplo físico de esto es el efecto de la mostaza picante sobre la comida grasosa, que se abre paso intensamente y despeja las sinusales. También puede actuar de manera similar en la mente. Un poco de enojo puede traer claridad mental sobre algunos asuntos. En exceso, el sabor picante genera ira irrazonable, agresividad y resentimiento. Nuevamente, es el equilibrio dentro del propio organismo el que dicta cuándo es demasiado o muy poco.

El sabor amargo

Está formado por los elementos aire y espacio. Es el más frío y liviano de todos los sabores. También tiende a ser verdaderamente seco. El amargo frío es una buena manera de imaginar el efecto del amargo en el cuerpo. Mientras que su *virya*, su energía, es fría, su *vipak*, o efecto post digestivo, es picante. Esto significa que continúa teniendo un efecto de liviandad y sequedad pasado el tiempo. A pesar de todo, su frialdad está algo moderada o calentada por su *vipak* picante. Sus efectos a corto término son definitivamente enfriantes.

El sabor amargo provee un excelente equilibrio para las cualidades pesadas y húmedas de los sabores salado, ácido y dulce. Las hojas verde oscuro son un excelente ejemplo de alimentos amargos. Pueden animar y alivianar una comida, así como proveer generosas cantidades de vitamina A, hierro, calcio, magnesio y otros nutrientes. Muchas hierbas también tienen efectos amargos sobre el organismo. Quemar los alimentos puede crear un exceso de sabor amargo, un método nada recomendable para lograr ese sabor.

Siendo frío, liviano y seco, es especialmente útil para Pitta, uno de los mejores sabores para enderezar el sistema digestivo de este biotipo cuando está desequilibrado.

Al ser liviano y seco, y teniendo un *vipak* o efecto post digestivo picante, se transforma en un buen equilibrador también para Kapha.

Como podremos sospechar a estas alturas, está contraindicado para Vata.

El sabor astringente

El sexto sabor está compuesto por aire y tierra. Tiene una energía enfriante, aunque no tan frío como lo es el amargo y todavía más frío que el dulce en sus efectos para la digestión, a la cual inhibe. Tiene una leve cualidad secante y liviana. Su *vipak*, o efecto post digestivo, es picante. A corto plazo es frío, liviano y seco. Tiempo después continúa siendo seco y liviano, ejerciendo cada vez menos un efecto enfriante en el cuerpo.

Su suave frialdad modera el calor de Pitta.

Sus cualidades de liviandad y sequedad ayudan a equilibrar a Kapha.

No es útil para Vata, ya que, como el picante, simplemente lo hace más frío y seco.

El sabor astringente tiene un efecto constrictivo para la digestión, haciéndola más lenta. La astringencia genera una contracción de los vasos sanguíneos, inhibiendo el flujo sanguíneo, de enzimas y de energía a los órganos digestivos.

En la terapia con hierbas, las que son astringentes son altamente valoradas, precisamente, por esta cualidad constrictiva, la cual puede detener hemorragias rápidamente al contraer la circulación.

A nivel mental y emocional, el sabor astringente en moderación promueve el ascetismo, el acercamiento esencial a la vida, una perspectiva de aceptación de lo que hay. En grandes cantidades puede promover una filosofía pesimista o una pérdida de interés por la vida. Pequeñas cantidades pueden ser útiles para "secar" el emocionalismo extremo de algunas experiencias, permitiendo volver a la realidad.

Hay realmente un puñado de alimentos que tienen un efecto predominantemente astringente en el cuerpo: además de ciertos frutos con piel como las bananas sin pelar (sí, ciertas preparaciones de la comida asiática las usan; aunque nos sorprenda, también se utilizan las bananas verdes), las granadas y los arándanos tienen cierta astringencia, así como los membrillos y las manzanas verdes. Cada uno de esos alimentos tiene también un componente ácido.

Muchos alimentos tienen un sabor secundario al astringente. Esto quiere decir que la mayoría de los alimentos están conformados por una combinación de sabores, y a menudo el astringente es el sabor subyacente a todos ellos. Muchos cereales, legumbres y vegetales tendrán un sabor primario dulce y un efecto secundario astringente en el cuerpo. Por esta razón las legumbres pueden ser particularmente buenas para Pitta, ya que ofrecen frialdad y sabores dulce y astringente, y tienen un equilibrio de humedad (proveniente del dulce) y sequedad (proveniente del astringente). De hecho, las personas Pitta pueden digerir muy bien la mayoría de las legumbres con la ayuda de sus potentes fuegos digestivos. Esta misma cualidad de frialdad las hace casi imposibles para el tracto digestivo de los Vata.

Digestión: ahara, vihara y aushadhi, los tres pilares del Ayurveda

En la ciencia de la vida, o sea, el Ayurveda, existen tres pilares que son tomados para cumplir con el triple objetivo de la salud ideal, la felicidad y la armonía con las leyes de la naturaleza:

1. Ahara: la dieta.

2. Vihara: el estilo de vida.

3. Aushadhi: el tratamiento de las enfermedades.

Los dos primeros tópicos son, para muchos autores, más del 60% del tratamiento de los desequilibrios y las enfermedades. Fundamentalmente están orientados a promover la salud y a trabajar en el área preventiva. Este es uno de los puntos más importantes en el Ayurveda, ya que como sistema está más enfocado en la prevención que en la cura de la enfermedad o síntoma instalado. Pensémoslo de esta manera, para llegar a manifestar un síntoma habrá pasado largo tiempo de acumulación de desequilibrios y toxinas; es como una casa en la cual no hacemos la limpieza como corresponde, a lo largo del tiempo ciertos desperdicios comenzarán a pudrirse y necesitaremos mucha más energía y sustancias externas para poder limpiar y arreglar el embrollo. Lo más sencillo, entonces, es ir limpiando periódicamente, sacar afuera los desperdicios y evitar que se tapen las cañerías, de modo que lo único que necesitemos a lo largo de los años sea una capa de pintura... ¡o un masaje rejuvenecedor!

Cuando la Vikruti (desequilibrio) está ensombreciendo la Prakruti (constitución básica, o biotipo), la dieta y los cambios de comportamiento pueden ayudar a restablecer el orden y la armonía en el sistema cuerpo-mente. Es como una lámpara que está siendo oscurecida por una capa de polvo y gratitud: no deja que la luz brille.

En la práctica diaria, seguir la guía de ahara y vihara sirve para entender cómo vivir una vida en armonía con las leyes naturales.

En cuanto a aushadhi, se traduce como "medicina" y está vinculado al tratamiento de las enfermedades. Requiere un diagnóstico más profundo y más elaborado y trata enfermedades con cierto grado de cronicidad o incurables. Aquí se utilizan las dravyas (sustancia o droga) o fitofármacos, minerales, productos animales, etc. Siempre enfocados desde el punto de vista de la singularidad de cada ser humano. Ayurveda es uno de los sistemas de medicina más holísticos que existen, por lo tanto, aquello que beneficia a una persona puede ser desequilibrante para otra, a pesar de que externamente ambas manifiesten los mismos síntomas.

En Ayurveda las claves de una buena digestión son la buena salud, la fortaleza y el fuego digestivo o *agni*, que se puede traducir a términos occidentales como la capacidad de todos los órganos digestivos de estar activos, efectivos y coordinados en sus funciones al recibir una cantidad de comida adecuada.

Aquí la palabra "adecuada" es una parte importante del proceso, ya que demasiada comida apaga el fuego digestivo, demandando mucho más trabajo para digerir lo que se puede utilizar. Por otro lado, la poca comida puede acrecentar el hambre del fuego digestivo, que estando preparado para "quemar" (procesar) determinada cantidad de alimento se encuentra en plena actividad con muy poco material combustible.

Esto no niega la importancia de una práctica altamente valorada y recomendada por el Ayurveda como lo es el ayuno, pero debe ser supervisada por un médico ayurvédico que dará las indicaciones necesarias para el mismo.

La base para determinar cuánto es la cantidad "adecuada" de alimento depende de cada organismo. Tradicionalmente se consideraba adecuada una porción equivalente a dos veces lo que cabe en las manos en cuenco de la persona que la comería. Hay que aprender a leer las señales de saciedad, y aunque en algunos trastornos de la alimentación estas señales puedan estar trastocadas, recordemos que lograr el equilibrio nos puede llevar semanas, meses o incluso años. Lo importante es saber que el cambio debe ser hecho.

El poder de la digestión siempre depende de la fortaleza corporal, y la mantención de la fortaleza corporal depende de una buena digestión. Si uno de los dos factores se daña, se resentirá el otro también. Pero no debemos descorazonarnos si tenemos problemas digestivos o de salud, ya que si entendemos la dinámica de aquello que nos beneficia para uno de los factores, el otro se irá equilibrando paulatinamente.

¿Cómo puedo darme cuenta si tengo buena digestión? Pues, tenemos que observar por ejemplo cuánto tiempo nos lleva digerir un alimento, si pasadas varias horas de la comida todavía seguimos repitiendo ciertos ingredientes, o si nos provoca distensión abdominal, hinchazón, gases, náuseas, etc. En estos casos tal vez nuestra digestión necesitará algo de ayuda.

En Ayurveda tomamos en cuenta tanto la cualidad del alimento como la manera en que está preparado y combinado. En general, las comidas consideradas livianas (*laghu* en sánscrito) son más fáciles de digerir, mientras que las pesadas demandan más energía. No quiere esto decir que debemos evitar los alimentos pesados, ya que muchos de ellos son altamente nutritivos. Sólo significa que debemos consumirlos en menor cantidad. Los alimentos livianos tienden a estimular el apetito y la digestión, mientras que los pesados naturalmente tienden a reducir el apetito. Un exceso de éstos últimos se considera una fuente de desequilibrio y de producción de la enfermedad, a menos que la persona tenga un excelente fuego digestivo y que lo complemente con una gran actividad física.

V

Combinación de alimentos y preparación

La combinación inteligente de sabores y cualidades de los alimentos puede mejorar y facilitar nuestra digestión. El alimento adecuadamente combinado es la clave para reducir la producción de toxinas y facilitar la absorción de nutrientes.

Por ejemplo, hacer más liviano un alimento pesado agregándole una pizca de jengibre o cardamomo puede ayudar a su digestión, absorción y asimilación.

Humedecer los alimentos secos como las legumbres por medio de un remojo prolongado y una cocción adecuada, facilita la absorción y evita la eliminación de gases. Calentar o entibiar un alimento frío como lo es la leche, minimiza la producción de toxinas y promueve la nutrición.

La mayoría de los vegetales combinan bien con la mayor parte de otros alimentos, tanto sean cocidos (más livianos), como crudos (un poco más pesados desde la perspectiva ayurvédica). La mayor parte de las frutas deberían comerse al principio de las comidas, o antes de ellas (sí, ya lo sabemos, aprendimos todo al revés). Lo mejor es comer las frutas solas, y para los organismos con digestión delicada lo mejor es consumirlas cocidas, ya que el fuego de la cocción ayuda al fuego digestivo.

La combinación de proteínas concentradas es generalmente evitada en Ayurveda. Mezclar carnes o pescados con productos lácteos, o legumbres con semillas y nueces no se recomienda para la digestión. La única excepción a la regla es el yogur, que frecuentemente es utilizado en pequeñas cantidades en las comidas para favorecer el sabor y la absorción.

Los cereales son considerados más como almidón que como proteínas. Pueden ser agregados a la mayoría de los platos y son una excelente fuente de calorías, vitamina B y minerales.

Una alimentación de acuerdo a las estaciones

Los distintos biotipos se equilibran y desequilibran de acuerdo a las estaciones. Estos cambios pueden aliviarse o directamente evitarse por medio de pequeños e inteligentes ajustes en la dieta y el estilo de vida.

Por ejemplo, en un verano caluroso seguramente los Pitta estarán bastante susceptibles de agravación; pues bien, habrá que enfatizar los alimentos refrescantes (no helados, recuérdenlo) y realizar la mayor cantidad posible de las actividades al aire libre muy temprano a la mañana o al atardecer, evitando el quemante mediodía.

Vata, por ejemplo, se desestabiliza con los cambios y movimientos, sobre todo en las estaciones ventosas y frías. Esto hará que su piel se reseque, sus articulaciones crujan y se sientan inquietos. Esos serán los tiempos en que deberán buscar alimentos húmedos, lubricados y calientes, así como bajar el ritmo de sus actividades, tratando de mantener una rutina. Kapha, a pesar de tener más resistencia, también se resiente, sobre todo en los climas húmedos y fríos, con lo cual deberá evitar el consumo de lácteos, siendo inminente la necesidad de actividades, ya que de otra manera la tendencia a "hibernar" podría dejarlo estancado, comiendo dulces y fabricando grasa y mucosidad.

Como regla general, se tendría que hacer lo contrario a las características del biotipo a que se pertenece, porque todo lo que lo incrementa genera desequilibrio y consecuente enfermedad.

Preparándonos para cocinar

Haciendo la transición

A veces, y hablamos por experiencia, no se nos habría ocurrido entrar en una cocina, y otras veces tenemos una genética familiar que nos impulsa a ello. Sean cuales fueran nuestras circunstancias, no debemos desesperarnos y pensar que cualquier cambio tiene que ser inmediato. Aquí no nos cansaremos de repetir que todo tiene que ser gradual, y que será mucho más placentero cuando nos demos cuenta de la aceptación del grupo familiar. La cocina, sobre todo en esta época de muchas horas de trabajo y poco tiempo doméstico, debería ser un lugar práctico, donde podamos realizar una comida en poco tiempo y con un alto grado de eficiencia. Pensemos que si necesitáramos una gran cantidad de horas en preparar, por ejemplo, una cena, volviendo cansados de nuestros trabajos, lo más probable es que pidiéramos una pizza por teléfono. Esos son los puntos que debemos evitar para mejorar nuestros hábitos alimentarios. Estas sugerencias pueden proveer ayuda al principio de la transición alimentaria:

• Simplifique su cocina. Elimine aquellos utensilios que no sean usados.

• Elimine todas las especias viejas, comida congelada y enlatada. En cuanto a esto, tenemos que pensar que ciertos congelados, si bien no son lo ideal desde el punto de vista nutricional, nos permiten consumir rápidamente alimentos que necesitarían largo tiempo de cocción. Si tenemos que elegir entre uno congelado o enlatado, en primer lugar elijamos congelado, y en último término enlatado. Por supuesto lo mejor es el alimento fresco.

- Mantenga el espacio de cocinar limpio, ordenado y con pocos objetos.

- Gradualmente elimine la mayoría de los aparatos eléctricos, en la medida en que va incrementando la inventiva con los utensilios operados a mano. Por supuesto que no quiere decir que las procesadoras de alimentos sean malas, el tema es que habitualmente tenemos tantos robots de cocina que perdemos el contacto directo con el alimento, y esto influye también en la transmisión de nuestra energía al cocinar. Por ejemplo, nosotros mantenemos como el mejor ayudante un mixer eléctrico de mano, muy útil para muchas preparaciones, siendo muy fácil de limpiar y que no necesita cuidados. Otro elemento muy útil es un molinillo de café para moler las especias.

- Familiarícese con sus nuevos alimentos. Empiece con los items más familiares y atractivos. Asegure la provisión de los básicos en su alacena: especias, aceites, cereales y legumbres. Piense que si todo el tiempo necesita salir a hacer compras terminará por desalentarse. Si fuera posible, compre vegetales frescos y preste mucha atención a su calidad.

- Esté consciente de mantener la variedad en su menú. Tómese el tiempo para hacer presentaciones artísiticas en su comida. Un plato agradable visualmente estimula el apetito y puede ser una exitosa manera de impresionar a su familia con una nueva forma de vida. Converse siempre los cambios en la alimentación con su familia y provéales información de los saludables beneficios y las necesidades personales y universales para estos cambios. Éstos serán exitosos sólo cuando sean bien presentados y apoyados por la razón y el cuidado. Cuando se invoca el sentimiento de privación, todo lo demás falla. Su actitud como cheff marcará la diferencia entre una expresión de asco o una de agrado. Es más importante lograr pequeños cambios que dar largos sermones de lo que se debe o no se debe consumir.

- Esté consciente de sus energías. En momentos estresantes tómese unos minutos para silenciar la mente, sentándose en un lugar confortable y realizando unas cuantas respiraciones profundas. Al principio ayúdese con una música suave. Si hacemos la comida con el sonidos de fondo de las noticias, seguramente estaremos cargados negativamente. Nunca cocine estando dominado por la ira o el desconsuelo. Las energías negativas traspasan los alimentos que usted esté manipulando. (¿Recuerdan el film *Como agua para chocolate?*).

- Consulte las tablas de alimentos en la preparación de las comidas, para la combinación adecuada de éstos, sabores y colores. Muchos nos preguntan qué pueden hacer con las comidas para biotipos diferentes en una misma familia: la mejor opción, de no mediar una enfermedad en alguno de los integrantes del grupo familiar, es buscar alimentos *tridóshicos* (adecuados para todos los biotipos) cocidos con poca sal y algo de especias no muy picantes, a los cuales se les agregará un poco de aceite de primera presión en frío para los biotipos Vata (únicamente para ellos) al servir en el plato.

- Limpie su cocina después de cada comida. Aunque parezca mentira, es una forma de que queramos volver a entrar en ella. Una buena estrategia es involucrar a la familia en esta tarea, lo que genera rutinas de deberes para cada miembro que comparte las comidas, y es una forma de agradecimiento para quien cocina.

- No se desaliente si no cumple con varias de estas sugerencias. Aunque cambie un pequeño hábito, ya será mejor que nada, y esto dará un ejemplo a toda la familia. Es mejor, al menos, realizar dos comidas semanales adecuadas al biotipo (de las catorce comidas principales semanales) que ninguna. Poco a poco, al ver los resultados, aumentará el porcentaje.

La fase de la transición es particularmente desconcertante cuando venimos de una dieta basada en carne o comidas rápidas. En Ayurveda se tiende a una alimentación vegetariana, pero no se excluye totalmente la carne (nos referimos a las blancas y los pescados). Como un delicado arte, la habilidad de combinar los seis sabores, los colores y la sutil combinación de alimentos debe ser aprendida. Nuestra actitud al aproximarnos a esta transición es lo más importante. El cambio necesita ser reconocido como una necesidad. Desafortunadamente, muchos de nosotros hacemos nuestro principal cambio dietario sólo después de una enfermedad severa. A pesar de ser ésta la razón más evidente para cambiar de estilo de vida, no necesitamos esperar a que nuestra salud colapse para abrazar una saludable manera personal y universal de bienestar.

Ya dijimos que hay que aproximarse a las transiciones dietarias de un paso a la vez. Si se está cambiando desde una dieta basada en carne y comida rápida, se debe comenzar por personalizar las listas de comida: para tal fin, se debe encontrar las comidas dentro de la categoría que mejor se adapte a nuestro tipo corporal, marcando aquellas que se prefiera (ver apéndice de alimentos adecuados por biotipo).

- Comience reduciendo todas las grasas, comidas viejas y sales.

- Sustituya por vegetales y hierbas frescas todos los vegetales enlatados, congelados o secos.

- Elimine las carnes rojas y reemplácelas por carnes blancas (preferentemente orgánicas) y pescados.

- Sustituya las grasas animales y mantecas comerciales por aceites vegetales.

- Utilice sal de roca o sal marina en lugar de la sal común, y cereales integrales por panes comerciales o productos con harina blanca.

- Finalmente, incluya frutas en su dieta en cambio de postres cargados de lácteos y azúcar.

Mantenga estilos de cocinar que le sean familiares, pero baje la cantidad y mejore la calidad de ingredientes como grasas, sales y azúcares. Haga un esfuerzo para tomar seminarios de principios ayurvédicos de salud y cocina (bueno, ya está haciendo el esfuerzo de leer este libro). Si tiene un grado de desequilibrio moderado o avanzado, consulte con un médico ayurvédico.

Algunas transiciones son menos radicales, como es el caso de las personas que seguían una dieta macrobiótica o regímenes lacto-vegetarianos o vegetarianos. En estos casos, los ajustes que se deben hacer son sutiles, pero poderosos. La Medicina Ayurveda refuerza toda la auténtica información hallada en los regímenes alternativos de salud, son las reglas altamente personalizadas las que incrementan significativamente las posibilidades individuales para el bienestar.

¿Cuál es la cantidad adecuada de alimento a consumir?

En sánscrito hay un término, *anjali,* que se refiere al volumen que puede ser contenido por dos manos puestas juntas, formando un especie de cuenco. Dos anjalis de granos o vegetales están designados por la naturaleza para llenar el estómago de una persona. Cuando se cocina para otros se puede tomar de referencia dos anjalis para cada adulto y un anjali para cada niño.

Para medir las especias, se pueden utilizar otras unidades de medida, también provistas por nuestro propio cuerpo. Repasemos:

Cantidad de alimento en sus manos formando un cuenco = equivalente a 1 taza.
Tamaño de pizca = equivalente a $1/16$ de cucharadita.
Líquido en su palma = equivalente a una cucharada.
Largo de falange propia = equivalente a 2 cm (por ejemplo para la canela en rama o la raíz fresca de jengibre).

Esto de ninguna manera significa que no usemos nada para medir, lo que intentamos decir es que el acto de cocinar debería transformarse en algo más natural y sencillo. Si tenemos que pesar en una balanza de precisión todo lo que consumimos, abandonaremos la tarea al poco tiempo, con lo cual todo el esfuerzo sería en vano.

Al principio puede ser difícil dar este paso de conciencia, confiar en la exactitud del propio aparato psico-físico. Sus manos deben tomar parte en toda la preparación del alimento. Amase su energía en la masa, masajee sus manos con los cereales. Permita a la energía universal mezclarse y transmutarse con su propia energía.

Cuanto más natural sea cada utensilio o aparato, más conectada estará la comida con la energía del cosmos.

Una mano llena de vitalidad es una mano que curará a otros. Está cargada con la energía de los cinco elementos, los que usados armoniosamente están en constante contacto y cambio con la naturaleza. Este ejercicio da un empuje poderoso a nuestras energías sutiles, conteniendo dentro el corazón de la memoria del universo hasta que estemos listos para usarla. Nuestras manos abrazan, ofrecen y reciben. Necesitamos recordar, reconectarnos como una totalidad colectiva. El cemento de las ciudades no debe barrer con nuestra habilidad de comunicarnos con la naturaleza.

Cómo planear comidas equilibradas fácilmente

Planificar una comida equilibrada no es tarea imposible. Ahora tenemos a la mano una variedad de información nutricional que nos permite conocer porcentajes de los tipos de alimentos a la hora de armar nuestro plato. En líneas generales la estructura básica es:

- Del 40 al 60% de cereales integrales.
- Del 10 al 20% de proteínas de alta calidad.
- Del 30 al 50% de frutas y vegetales frescos.

Como a esta altura sabemos, los diferentes biotipos a menudo necesitan una proporción especial. Aquí les damos unas medidas específicas de consumo diario para cada biotipo.

Vata:

5 a 6 porciones de cereales integrales.
1 a 2 porciones de proteínas de alta calidad.
2 a 3 porciones de vegetales frescos cocidos.
1 porción de fruta fresca o más.

Pitta:

4 a 5 porciones de cereales integrales.
1 y ½ a 2 porciones de proteínas de alta calidad.
3 a 4 porciones de vegetales frescos.
1 a 1 y ½ porciones de frutas frescas o más.

Kapha:

3 a 4 porciones de cereales enteros.
2 porciones de proteína de alta calidad baja en grasa.
4 a 5 porciones de vegetales frescos.
1 porción de fruta

Una comida equilibrada incluye una proteína, uno o más carbohidratos y uno o más vegetales. El kichadi, cuya explicación
damos en la parte del libro dedicado a las recetas, es un buen
ejemplo de plato único que incluye todo lo necesario. Así también, existen opciones de restaurantes donde podemos elegir
las cantidades de alimentos por tipologías, y con sólo saber
las proporciones aproximadas ya estaremos comiendo de una
manera sana y natural.

Combinación de alimentos

Ciertos alimentos, a pesar de ser saludables, no combinan
adecuadamente para facilitar nuestra digestión. Como hemos
visto, es vital proteger nuestro fuego digestivo para evitar la
formación de ama, que luego bloquea los canales de energía y
termina manifestándose como un síntoma en el cuerpo.

Aquí les damos una guía breve de aquellos tipos de alimentos que no combinan bien entre sí, y por lo tanto deberíamos
evitar consumir juntos.

Conceptos básicos de la combinación de alimentos ayurvédicos

- Evitar leche o yogur con frutas ácidas o cítricos.

- Evitar frutas con papas o alimentos con mucho almidón (el
  azúcar –fructosa– se digiere más rápido que los almidones;
  en este caso la digestión de la fructuosa se hace más lenta
  y no se digiere adecuadamente).

- Evitar melones (de digestión más rápida) y granos (de digestión más lenta).

- Evitar el agua fría (de la heladera).

- La miel nunca debe ser cocinada: cruda es un néctar, calentada es un veneno.

- Evitar proteína de carne (energía calentante) con proteína de leche (energía enfriante).

- Evitar leche (de digestión más lenta) y melones juntos.

- Evitar igual cantidad de alimentos calientes y fríos.

- Evitar alimentos frescos (recién cocidos) y restos de alimentos.

Se pueden permitir combinaciones incompatibles en los siguientes casos:

- Proceso de acostumbramiento (*satmya*).

- Incompatibilidad leve.

- Agni o fuego digestivo fuerte.

- Cuando se es joven.

- Cuando se tiene una actividad física cotidiana.

- Combinaciones adecuadas de alimentos incompatibles.

- Preparación con especias de alimentos incompatibles.

SEGUNDA PARTE

Recetas para una alimentación Ayurveda

Acerca de la cocina ayurvédica

La alimentación es uno de los principales pilares de la medicina ayurvédica, y es muy importante que la misma nos genere placer, que nos sea grata además de sana. Muchas veces sólo se trata de acostumbrarnos a nuevos sabores y combinaciones diferentes. También tenemos que tener en cuenta otro factor: el tiempo. Ya no es frecuente disponer de horas para la elaboración del alimento, y eso lo podemos reemplazar por un poco de organización, ya que dos o tres recetas básicas –como las milanesas de proteína vegetal o las hamburguesas de legumbres– que nos esperen en el freezer son el punto de partida de una comida equilibrada, con sólo dedicar unos minutos a la preparación de algunos vegetales y arroz para acompañar.

Y ya que nombramos al freezer, aclaramos que si bien sabemos que no es lo ideal su uso, ya que lo mejor es la preparación de alimento fresco en el momento en que será consumido, somos conscientes de que muchos de nosotros no disponemos del tiempo para preparar una comida completa cuando llegamos del trabajo. Desde el punto de vista ayurvédico el freezer transforma los alimentos en algo más pesado, pierden algo de su vitalidad, así como también una vez sacados del freezer se descomponen más fácilmente. Ahora bien, si no disponemos de tiempo para realizar una comida 100% saludable... terminaremos comprando el almuerzo o la cena en la casa de comidas de la esquina, lo cual en la mayor parte de los casos es aún peor. Por lo tanto, y si tomamos en cuenta estos detalles, creemos que una buena opción es dejar preparadas las recetas que insumen mayor tiempo de elaboración y preparar en el momento las guarniciones más rápidas que las acompañarán (por ejemplo, se pueden tener siempre preparadas milanesas de soja y hamburguesas de legumbres, así, con 20 minutos de preparación se hacen unos vegetales y arroz para obtener una comida completa y riquísima).

Esperamos que estas sugerencias los ayuden y que descubran que la verdadera alimentación ayurvédica no es tan compleja como podríamos imaginar.

La recetas incluidas en este libro son básicas, y la mayoría podrán ser modificadas con los alimentos, vegetales y especias adecuadas a cada constitución.

Lo demás sólo depende de las ganas de estar bien, del amor puesto en la elaboración de los alimentos y de un poco de imaginación...

Muchas de estas recetas nos han acompañado en nuestra propia transición alimentaria, además de brindarnos grandes satisfacciones con los amigos, cuando los invitamos a comer. Como todo en la vida, se trata de un proceso de ensayo y error. A menudo tendremos que hacer una preparación un par de veces antes de que nos salga perfecta. Pero no debemos desalentarnos jamás, paulatinamente obtendremos maestría con los nuevos sabores, y perfeccionaremos los propios.

Las especias

Uno de los factores más distintivos en la alimentación ayurveda es el uso de hierbas y especias, a lo cual no todos estamos acostumbrados. Por ejemplo, es muy común que se utilice solamente sal, aceite, vinagre y a veces algo de orégano o ají molido, para condimentar las comidas. De esta forma, son muchos los paladares que no están habituados a la utilización de nuevos aromas y sabores de una amplia variedad de hierbas y especias que propone el Ayurveda.

Un único consejo: comenzar despacio. Un nuevo sabor debe ser incorporado de a poco, sobre todo los de las especias picantes. Para las primeras preparaciones les aconsejamos que incluyan la mitad o menos de las especias que figuran en la receta, especialmente si cocinan para niños (en estos casos es conveniente usar menor cantidad aún). El paladar se irá habituando poco a poco, y de esta manera nos podremos beneficiar con los efectos terapéuticos de muchísimas hierbas y especias.

Los currys

Los currys son mezclas de especias que se agregan a los alimentos preparados para ayudar a la digestión y tonificar el cuerpo. Pueden estar elaborados con tres o cuatro especias o pueden contener más de una docena.

También es llamado curry el plato que está realizado con varias especias (si visitan un restaurante de comida india, verán que sus menúes incluyen variedades de curry).

Los currys que se consiguen en el mercado son una manera fácil de aproximarse a los sabores del curry indio. De todas maneras, hacer las propias mezclas nos dará un mayor rango de sabores, además de colocar aquellas que sean adecuadas para el biotipo en su uso medicinal. El curry hecho en casa es más fresco en sabor y más intenso en aroma. Sin embargo, el comprado es una opción buena y práctica para los principiantes.

Los cereales

Es preferible utilizar cereales enteros, no refinados, ya que son mucho más nutritivos y equilibrantes. Además, son una rica fuente de vitamina B, minerales y fibras.

Vata y Pitta serán los más beneficiados con buenos platos de granos enteros, mientras Kapha podrá tomarlos de manera más moderada.

Todos los doshas se beneficiarán con una porción diaria de granos enteros, calientes y cocidos, que ayuda el crecimiento y un mejor funcionamiento metabólico.

Dhal

El término *dhal* refiere a porotos, lentejas y arvejas secos (también puede referir al plato terminado hecho con arvejas).

Los *dhal* han sido un alimento vital para todas las culturas desde el inicio de los tiempos. Ellos proveen energía y fortaleza, debido a su alto contenido proteico e, inclusive, dan una sensación de liviandad y frescura al cuerpo, a diferencia de las proteínas obtenidas de los animales.

Desde el período védico, el rey del *dhal* –el poroto mung o soja verde– ha sido usado en combinación con el arroz en el plato llamado kichadi. Se trata de una comida muy popular, incluida en gran cantidad de dietas limpiadoras y curativas ayurvédicas.

Pues bien, ayurvédicamente los *dhals* son el alimento único más importante porque combina los sabores dulce y astringente. Además de ser vitales para mantener la salud de todos los tipos corporales, son especialmente nutritivos para Pitta y Kapha. El sabor astringente ayuda a disolver los ácidos estomacales y a atemperar el fuego digestivo, funciones vitales para equilibrar a Pitta. El sabor dulce de los *dhal* conduce a una energía mental sátvica (calma y armónica) y modera la agresiva naturaleza de Pitta.

Debido a su acción astringente en el cuerpo, las legumbres no contribuyen al aumento de peso de Kapha. La combinación de los sabores dulce y astringente provee una aceleración en la estimulación esencial de este biotipo.

Vata deberá preferir las legumbres más pequeñas, como los porotos mung y los aduki, y ocasionalmente *urad dhal* (lentejas marrones) y lentejas rojas. No solamente esas variedades de legumbres son más dulces y astringentes en su naturaleza, sino que su contenido de proteínas es más fácilmente asimilado. Las especias adecuadas para Vata, como el cardamomo, jengibre, asafétida, pimienta negra y comino, añadidas a un plato de legumbres, pueden contrarrestar la astringencia de éstas y aliviar su potencial formador de gases digestivos.

Las pequeñas legumbres son remojadas por 2 a 5 horas, las de tamaño mediano de 5 a 8 horas, y las grandes y duras, toda la noche. Si se las ha remojado, se debe disminuir el tiempo de cocción aproximadamente un 20 por ciento, y utilizar aproximadamente el 10 por ciento menos de agua.

Los jugos de frutas

Siempre es mejor utilizar frutas maduras, mezcladas con agua, un poco de azúcar rubia o miel. Se licuan con el suficiente líquido para que no sea demasiado espeso, sino fluido. Cuando la fruta utilizada tiene mucha fibra o semillas pequeñas, se puede colar el jugo. La oxidación de algunas frutas —como la banana— o la manzana no son perjudiciales, sino que benefician el proceso digestivo. De todos modos, si se la quiere contrarrestar se puede añadir un poco de jugo de limón.

Recetas

Básicos y platos principales

1. Ghee

Se obtiene de la manteca sin sal y, además de sus propieda-des nutritivas y medicinales, le da un gusto exquisito a la comi-da. Se puede usar como aceite para saltar, asar, dorar y freír.

Es fácil de hacer, pero requiere de una cocción larga y lenta que evapore totalmente el agua y permita a los elementos só-lidos de la leche separarse y flotar en la superficie, dejando un ghee claro, de color ámbar o dorado cristalino.

Preparación:

Colocar en un recipiente 500 g de manteca (preferentemen-te sin sal). Llevar al fuego mínimo, destapado, colocando un difusor de calor entre la olla y la llama. Retirar de vez en cuan-do las materias sólidas que suban a la superficie (en la India utilizan esta materia grasa para realizar panes), cuidando que no se queme. Altera el sabor si se calienta a fuego muy vivo o por demasiado tiempo, oscureciéndose y desprendiendo un olor penetrante.

Finalmente, filtrar usando un colador que se recubrirá con paño de algodón o gasa (para filtrar aún más los sólidos), y guardar en un lugar seco y fresco fuera de la heladera. Se conserva en buenas condiciones por años. Particularmente el ghee que no se conserva en la heladera toma un olor fuerte y puede resultar desagradable, pero para nada perjudicial. Si le parece muy fuerte y no lo usaría para su comida, colóquelo luego de preparado en un frasco de vidrio limpio en la heladera.

2. Panir (quesillo casero)

Se puede utilizar prensado o como la ricota, en gran cantidad de recetas.

Ingredientes:
2 litros de leche entera.
5 cucharadas de jugo de limón natural.
Un colador grande y dos telas de gasa o liencillo bien lavado.

Preparación:
Poner la leche en un recipiente alto, para que al hervir no se desborde, calentar a fuego moderado y cuando rompa el hervor agregar el jugo de limón y retirar del fuego; enseguida se separará el quesillo del suero amarillento. Si el suero no es claro volver la olla al fuego y colocar un poco más de jugo de limón. Separar el quesillo y colocarlo en el colador cubierto con la tela, hacer una bolsita con ésta y enjuagar con agua fría durante medio minuto, para quitar el exceso de fermento y hacerlo más consistente.

Luego, exprimir bien para eliminar el líquido. Para hacer panir firme envolverlo en la tela y prensar, poniéndole un peso durante un buen rato. Si es para usar como ricota no hace falta más que apretar con las manos la "bolsita" para exprimir el agua.

Esta cantidad rinde 250 g de panir prensado.

3. Matar paneer

Ingredientes:
200 g de arvejas frescas.
1 cebolla.
1 diente de ajo.
1 pedacito de jengibre (una rodajita de ½ cm).
1 tomate.
1 cucharadita de semillas de comino.
1 cucharadita de mostaza.
1 cucharadita de clavo de olor.
1 trozo de canela en rama.
Sal.
100 g de panir firme cortado en cubitos.
Aceite.
10 g de ghee o manteca.

Preparación:
Picar la cebolla, el jengibre y el ajo. Calentar el aceite y agregar la mostaza, las especias, los vegetales picados y el ghee o la manteca. Cuando la preparación tome color dorado agregar las arvejas y un vaso y medio de agua. Una vez que las arvejas estén cocidas agregar el tomate sin la cáscara ni las semillas y el panir (normal o frito). Al finalizar la cocción se puede agregar cilantro fresco picado. Servir con pan, chapati o arroz.

4. Hamburguesas de legumbres

Ingredientes:
500 g de lentejas, porotos aduki, porotos mung u otra legumbre.
Semillas de sésamo, a gusto (aproximadamente dos o tres cucharadas soperas).

3 tazas de avena fina.
1 taza de rebozador integral.
Condimentos (permitidos para cada constitución, a gusto).
1 taza de zanahoria picada, repollo colorado o manzana rallada.
Ajo y perejil, a gusto (si está permitido).
½ taza de aceite.

Preparación:
Cocinar las legumbres hasta que estén muy blandas. Procesarlas hasta formar un puré firme y dejar enfriar por unos minutos. Agregar la avena, el rebozador, las verduras picadas o ralladas, los condimentos y las semillas de sésamo. Añadir el aceite para hacer más maleable la pasta. Ésta no debe desgranarse, si eso ocurriera agregar de a poco agua tibia hasta poder formar con las manos las hamburguesas. Se pueden guardar en el freezer sobre una fuente plana con separadores.

Se cocinan en una fuente para horno con muy poquito aceite. Hay que darlas vuelta con cuidado para que no se rompan.

5. Kichadis

Los kichadis son la esencia de la curación ayurvédica. Se trata de guisos relativamente sencillos de arroz basmati y porotos mung partidos, apropiados para casi todos los doshas. Los kichadis tienen versiones muy variadas, dependiendo de las hierbas, especias y vegetales utilizados en ellos. Son la comida primaria en el tratamiento de Pancha Karma –terapia de purificación– debido a la facilidad para su digestión y asimilación.

Ingredientes básicos:
Ghee, para lubricación y asimilación.

Diferentes especias como:

- Asafétida (hing): calma Vata, ayuda la asimilación, potente carminativo.

- Laurel: calentante, digestivo.

- Cardamomo: calma y estimula la digestión.

- Semillas de mostaza negra: digestivas con pronunciado efecto calentante.

- Pimienta negra: calentante, digestiva, carminativa.

- Canela: calentante y endulzante, digestiva.

- Clavo de olor: realmente calentante, digestivo.

- Coriandro: enfriante, calmante, carminativo y digestivo.

- Comino: carminativo, digestivo, equilibra todos los doshas.

- Hinojo: enfría, endulza, digestivo, tonificante del estómago.

- Fenogreco: calentante, digestivo, tonificante, reductor de masa corporal.

- Ajo: calentante, fortalecedor, reduce el ama.

- Jengibre: calentante, potente estimulante digestivo.

- Kombu (de uso no tradicional en la medicina ayurvédica): digestivo, remueve metales pesados.

- Neem (hojas de curry): enfriante, amargo, limpia y remueve desechos.

- Azafrán: enfriante, tonificante, digestivo, equilibra todos los doshas.

- Cúrcuma: tridóshica, específica para ayudar la digestión de las proteínas.

Porotos mung partidos, arroz basmati y vegetales. A veces pueden variar, pudiendo ser utilizados todos los granos y legumbres para usos específicos y propósitos curativos, siempre bien cocidos.

Con respecto a la cocción, hay que cocinar las legumbres hasta que estén muy blandas. El arroz basmati es de cocción rápida y debe ser cocido aparte, de otra forma se transformaría en una especie de puré desagradable. Los alimentos deben estar bien cocinados para facilitar la digestión, pero no deben quedar pastosos o pasados (gomosos).

Las hierbas y especias se cocinan con el arroz, y las verduras se preparan al vapor.

Preparación:
En una olla se calientan dos cucharadas soperas de ghee o aceite y se le agregan las semillas y especias. Se deja dorar por unos minutos y se agregan el arroz y las legumbres (que pueden estar pre cocidas), se cubre con agua (en proporción de dos y media taza por una de arroz) y, si se desea, se puede añadir una hoja de alga kombu.

Cuando el arroz está tierno, se incorporan los vegetales y se cocinan hasta que estén tiernos, unos 15 o 20 minutos más.

Si se cocina con arroz basmati, tanto el arroz como los vegetales deben agregarse al mismo tiempo y las legumbres necesariamente tienen que estar cocidas previamente.

Si en lugar de arroz se utiliza otro cereal del que no conocemos exactamente su tiempo de cocción, también se puede cocinar por separado, y luego mezclarlo con los vegetales, calentando todo por unos 5 minutos.

6. Kichadi digestivo

Pitta puede aderezar generosamente esta receta con hojas de cilantro fresco picado. Si Kapha está haciendo este kichadi para sí mismo solamente, el ghee o el aceite deberá ser una cucharadita. Si se está compartiendo la comida con otros doshas, especialmente Vata, se puede adicionar una cantidad extra de ghee al plato que se lleva a la mesa.

Ingredientes:
½ cucharadita de té de semillas de comino.
2 cucharadas de ghee o aceite de girasol.
3 hojas de laurel.
1 cucharadita de semillas de coriandro.
½ cucharadita de cúrcuma.
1 cucharadita de orégano seco.
½ cucharadita de sal marina.
1 trozo de alga kombu.
1 cucharadita de jengibre rallado.
½ taza de arroz basmati.
¼ taza de porotos mung partidos.
4 a 6 tazas de agua.
3 tazas de vegetales cortados en cubitos (zanahorias, zu-chinni, zapallitos).

Preparación:
Lavar el arroz y los porotos hasta que el agua de enjuague esté clara. Calentar el ghee en una cacerola mediana y agregar las semillas de comino, laurel, coriandro y orégano. Dorar ligeramente hasta que liberen sus aromas. Añadir la cúrcuma, el arroz y los porotos, siempre removiendo.

Incorporar el agua, la sal, el alga kombu y el jengibre. Cocinar a fuego lento o mediano hasta que el arroz y los porotos estén medianamente blandos. Finalmente, agregar los vegetales y cocinar hasta que estén tiernos.

7. Kichadi de garbanzos

Ingredientes:
½ taza de garbanzos secos.
6 tazas de agua.
⅛ cucharadita de asafétida.
1 o 2 cucharadas de ghee.

½ *cucharadita de semillas de mostaza negra.*
1 cucharadita de semillas de comino.
1 cucharadita de cúrcuma.
1 cebolla grande, picada.
2 dientes de ajo, picados (omitir para Pitta).
1 cucharada de salvia seca, desmenuzada.
1 taza de arroz basmati.
2 a 4 tazas más de agua (si se necesitan).
1 trocito de alga kombu.
1 zanahoria picada.
1 taza de repollo o brócoli, picados (omitir para Vata).
¾ *cucharadita de sal marina.*
1 cucharadita de coriandro molido.
1 cucharadita de semillas de sésamo.

Preparación:
Lavar los garbanzos y el arroz. Poner los primeros y la asafétida en una olla a presión con agua y cocinar por 30 minutos (si no se usa una olla de presión, remojar unas horas los garbanzos y cocinarlos aparte por una hora).

Mientras tanto, calentar el ghee en una sartén mediana y agregar las semillas de mostaza y de comino. Cuando las primeras comienzan a estallar, añadir la cúrcuma, la cebolla, el ajo y la salvia. Remover sobre fuego mínimo por 2 ó 3 minutos. Agregar el arroz y seguir removiendo. Dejar a un lado hasta que los garbanzos estén listos.

Cuando los garbanzos estén cocidos, agregar el arroz con las especias, el alga kombu y agua extra. Cocinar hasta que el arroz casi esté tierno. Incorporar el resto de los vegetales y especias y cocinar tapado por otros 15 minutos.

8. Croquetas de mijo

Ingredientes:
1 taza de mijo pelado.
4 tazas de agua.
6 semillas de cardamomo.

Coriandro, eneldo, cúrcuma (una cucharadita de cada uno).
Sal, una pizca
2 zanahorias ralladas finamente.
5 cucharadas de aceite.

Preparación:
Lavar el mijo y colocarlo en una olla con el agua y las especias. Cocinar hasta que absorba toda el agua (es como la polenta o la harina de maíz, sólo que no tan amarillo). Agregar las zanahorias ralladas (también pueden ser cebollitas de verdeo, remolacha, un par de dientes de ajo) y el aceite. Cuando tome una temperatura que se pueda trabajar con las manos, tomar cucharadas de la mezcla y armar bolitas del tamaño de ciruelas.

Se las puede pasar por un rebozador integral, y se fríen o cocinan al horno. También, se pueden congelar.

9. Tarta de mijo

Ingredientes y preparación:
Cocinar el mijo como en la receta anterior, y cubrir una tartera previamente aceitada con una capa de aproximadamente un centímetro de espesor de mijo cocido.

Aparte, calentar ghee y agregar especias permitidas (una cucharadita de comino, coriandro, cúrcuma, eneldo, cardamomo), rehogar allí un diente de ajo y dos cebollitas de verdeo, y añadir dos tazas de vegetales (brócoli cortado en pedacitos, choclo desgranado, cubitos de calabaza.). Rellenar la tarta con la mezcla de verduras y gratinar en el horno.

10. Pizza de mijo

Estirar el mijo cocido en una pizzera grande con un poco de aceite. Aparte, licuar tomate con sal, pimienta, una pizca de azúcar, un diente de ajo (opcional) y orégano. Estirar la salsa sobre la masa de mijo, colocar queso fresco y llevar a un horno moderado hasta fundir y dorar el queso. Se pueden agregar aceitunas, champignones o morrones cocidos y pelados.

11. Seitán (carne vegetal)

Ingredientes:
3 tazas de harina de gluten.
1 cucharada de cúrcuma.
1 cucharada de coriandro molido.
1 cucharadita de cardamomo molido.
½ cucharadita de sal.
2 tazas de agua tibia.
6 a 8 tazas de agua.
Hierbas frescas.
Semillas de coriandro, eneldo, cardamomo.
Ají picado (a gusto).

Preparación:
Poner a hervir el agua con las semillas de cardamomo, el coriandro, el eneldo, el ají rojo y las hierbas.

Mezclar el gluten con todos los condimentos en polvo. Ir agregando agua tibia de a poco hasta formar una masa consistente. Si se pega en las manos, mojar éstas con agua.

Hacer bollitos y aplastarlos formando "bifecitos". Colocarlos en el agua hirviendo hasta que floten en la superficie. Tienen una consistencia algo gomosa, muy agradable y sabrosa[1]. Se pueden cocinar en el horno o guardar en el freezer con separadores.

12. Chapati (pan hindú)

Esta receta es para, aproximadamente, de 20 a 25 porciones.

Ingredientes:
2 tazas de harina integral fina.
2 cucharadas de ghee.
1 taza de agua tibia.

---

1   El seitán puede utilizarse para reemplazar otros tipos de carne en salsas, rellenos de empanadas, bifecitos, etc.

¾ taza de harina integral en un recipiente aparte.
Sal marina, una pizca.

Preparación:

En un recipiente hondo mezclar con las manos la harina, el ghee y la sal. Luego, agregar de a poco el agua hasta formar una masa blanda y húmeda, trabajándola unos minutos hasta que sea suave y consistente. Humedecer la masa, cubrirla con un trapo húmedo para que no se reseque (esto es muy importante), y dejar descansar por dos horas. Agregar una cucharada más de ghee para que penetre en la masa.

Preparar de 20 a 25 bollitos con la masa. Achatarlos con la mano, enharinar la mesa y la superficie superior de la masa, estirar con palo de amasar hasta que quede súper fina. Cocinar el chapati en la plancha aproximadamente 1 minuto de cada lado, luego colocarlo sobre la llama unos minutos para que se infle, untar con ghee la parte superior y cubrir con un repasador hasta el momento de servir.

13. Fideos integrales con curry y verduras

Ingredientes:
550 g de fideos integrales.
500 g de verduras cortadas (zanahoria, calabaza, arvejas frescas, zapallitos, coliflor, espinaca, choclo o cualquiera que tenga).
1 cucharada de aceite.
1 cucharadita de curry.
1 cucharadita de mostaza en grano.
1 cucharadita de cúrcuma.
1 cebolla y 1 morrón picados.
Sal y pimienta a gusto.

Preparación:

Cocinar los fideos y escurrirlos. Aparte, calentar el aceite en un recipiente de fondo ancho y agregar la mostaza, luego la cebolla, el morrón, sal, pimienta, cúrcuma y curry. Luego agregar la verdura cortada en trozos pequeños y cuando esté tierna mezclar todo con la pasta cocida.

Dejar en el fuego 4 o 5 minutos, preferentemente tapado. Se puede comer frío o caliente.

14. Arroz integral simple

Esta receta es para dos porciones.

Ingredientes:
Una taza de té de arroz integral.
2 y ½ tazas (tamaño té) de agua.
2 cebollitas de verdeo picadas.
1 diente de ajo picado.
2 hojas de laurel.
Sal.
Perejil picado.

Preparación:
Lavar el arroz, cubrir con abundante agua y agregar el resto de los ingredientes. Llevar al fuego y una vez que rompe el hervor, bajar a mínimo hasta que el arroz esté a punto. Espolvorear con perejil picado y servir.

15. Pizza de arroz integral

Ingredientes y preparación:
Una vez preparado el arroz como en la receta anterior, se estira sobre una fuente para horno o una pizzera, se agregan unas rodajas de tomate y hierbas frescas sobre la superficie y se gratina al horno.

16. Arroz basmati

Arroz de origen indio con grandes virtudes nutricionales. Es tridóshico (adecuado a todos los tipos constitucionales) y se compra en dietéticas o en algunos grandes supermercados.

Preparación:

Se cocina en una proporción de una taza de arroz por dos de agua. Además, se puede agregar al agua los condimentos (por ejemplo coriandro, eneldo y 4 o 6 semillas de cardamomo sin vainas). Es de rápida cocción, aproximadamente 8 minutos luego de romper el hervor.

17. Arroz especiado con yogur

Es de fácil preparación y se puede comer como cena o almuerzo, siendo muy favorable para Vata. La variante que reemplaza la mitad de yogur por leche de soja neutra es óptima para equilibrar a Pitta y Kapha.

Ingredientes:

2 tazas de arroz integral o basmati cocinado.
2 tazas de yogur o ½ taza de yogur y ½ taza leche de soja.
2 cucharadas de aceite de girasol.
½ cucharadita de semillas de mostaza.
½ cucharadita de semillas de comino.
⅛ cucharadita de asafétida.
1 cucharadita de sal marina.
½ cucharadita de pimienta negra.
½ cucharadita de canela.
¼ pimiento verde picado.

Preparación:

Calentar el aceite y agregar la mostaza y el comino. Luego añadir el arroz y el yogur, y remover bien. Incorporar el resto de los ingredientes y mezclar. Cocinar de 7 a 10 minutos y servir caliente.

18. Croquetas de soja texturizada

Ingredientes:

2 tazas de soja texturizada.
2 zanahorias medianas.

2 zapallitos medianos.
1 diente de ajo.
Sal.
1 cucharada de orégano.
2 cucharadas de queso rallado.
1 cucharada de semillas de sésamo.
2 huevos batidos enteros
Rebozador de arroz integral, cantidad necesaria.

Preparación:
Poner en remojo la soja texturizada tapándola por completo con agua. Procesar o rallar finamente las verduras en crudo. Colar la soja y mezclar con las verduras.

Condimentar con las especias. Hacer pequeñas bolitas en forma de torrejas y cocinarlas en el horno hasta que estén doradas de ambos lados.

19. Pastel de papas

Una variante para esta receta es reemplazar las papas por igual cantidad de batatas.

Ingredientes:
500 g de papas.
1 morrón.
1 cebolla.
100 g de tofu o panir.
1 cucharada sopera de semillas de sésamo.
1 cucharadita de comino.
1 cucharada de ghee o manteca.
½ cucharadita de curry.

Preparación:
Hervir las papas con sus cáscaras. Una vez cocidas, pelar y hacer un puré algo sólido. En una cacerola poner 3 cucharadas de aceite, agregar el curry rápidamente y añadir las verduras cortadas finas. Una vez tiernizadas, agregar el tofu

o el panir bien triturado con un tenedor, retirar del fuego e incorporar las semillas de sésamo. Aceitar una asadera, extender la mitad del puré y cubrir con la preparación de verduras y tofu. Con la otra mitad del puré cubrir y gratinar en el horno.

20. Hongos con arvejas

Esta receta combina bien con arroz y dhal.

Ingredientes:
250 g de hongos frescos.
3 cucharadas de ghee o aceite.
½ cucharadita de semillas de comino.
½ cucharadita de comino molido.
½ cucharadita de sal marina.
½ cucharadita de pimienta negra.
2 tazas de arvejas frescas.
Sal.

Preparación:
Lavar y cortar los hongos en rodajas. Aparte, cocinar las arvejas en agua hirviendo, escurrir y reservar.

Calentar el ghee en una cacerola a fuego medio y agregar las semillas de comino. Cuando se pongan marrones añadir los hongos cortados. Cocinar a fuego lento hasta que estén tiernos, unos 5 minutos.

Condimentar con sal, comino y pimienta negra, mezclar bien e incorporar las arvejas.

21. Sabji (curry de vegetales)

Las verduras de esta receta se cocinan en un kadai (wok) con especias y hierbas. Muchas veces se les agrega yogur natural en la cocción, lo que les da una consistencia más cremosa y un sabor agrio.

Ingredientes:
4 zapallitos.
1 zanahoria.
1 cebolla chica.
1 diente de ajo.
½ morrón rojo.
Perejil, cantidad necesaria.
½ cucharadita de comino.
½ cucharadita de cúrcuma.
½ cucharadita de curry liviano.
Sal y pimienta.

Preparación:
Cortar las verduras en juliana. En una cacerola, calentar un poco de aceite y agregar comino, cúrcuma, curry y otras especias si se desea. Enseguida añadir las verduras cortadas. Dejar cocinar por 15 minutos. Espolvorear con el perejil picado y servir con arroz, pan o chapati.

22. Verduras al wok con trigo burgol

Ingredientes:
1 cebolla mediana picada.
1 morrón rojo y 1 verde, picados.
2 cebollas de verdeo medianas.
5 hongos frescos.
1 hinojo mediano.
3 ramas de apio.
3 zanahorias medianas.
Cilantro picado, un puñado.
Agua (si hace falta).
3 cucharadas de aceite neutro.
1 cucharada de semillas de sésamo.
1 cucharadita de comino molido.
1 cucharadita de mostaza negra.
1 cucharadita de mostaza rubia.
½ cucharadita de cúrcuma.

1 taza de trigo burgol.
Una pizca de sal marina.

Preparación:
Colocar el trigo burgol en remojo con agua caliente (no necesita cocinarse), luego de media hora colar el excedente de agua.

Colocar en el wok el aceite y agregar las semillas de sésamo, el comino, y las mostazas negra y rubia.

Cuando exploten las semillas, añadir los vegetales excepto las cebollas de verdeo y saltear unos minutos. Incorporar la cúrcuma y luego la cebolla de verdeo y la sal marina.

Al final de la cocción incorporar el trigo burgol, revolver y dejar de tres a cinco minutos para que tome los sabores de los vegetales. Espolvorear cilantro picado y servir.

23. Kachoris (torrejas de papas y vegetales)

Ingredientes:
1 taza de coliflor, sus ramos cortados en trocitos.
5 papas medianas o grandes.
1 taza y ½ de arvejas crudas.
1 taza de zanahorias cortadas en cubos.
1 cucharadita de garam masala.
3 cucharadas de perejil picado.
1 cucharada de comino molido.
Jugo de 1 limón.
3 cucharadas de harina de garbanzo.
1 cucharada de ghee o aceite.

Preparación:
Hervir las papas con cáscara y cocinar al vapor las otras hortalizas. Pelar las papas y realizar un puré con todos los vegetales. Agregar perejil crudo, garam masala y la cucharadita de comino.

Aparte, tostar la harina de garbanzo con un poco de ghee en una sartén baja y mezclar con el puré de vegetales.

Hacer torrejas del puré con 2 cucharas o con la mano (si está fría la preparación), ubicándolas en una asadera con aceite.

Cocinar en un horno a temperatura media hasta que estén doradas (también se pueden freír). Se acompaña con chutney de tomates y arroz basmati.

24. Sabji de berenjenas

Ingredientes:
½ cucharadita de semillas de comino.
1 cucharadita de semillas de coriandro.
1 cucharadita de semillas de mostaza negra.
1 cebolla grande picada.
3 cucharadas de aceite.
1 ají verde mediano cortado en trozos.
3 zanahorias cortadas en cubos.
½ taza de arvejas frescas.
3 berenjenas cortadas en cubos.
1 cucharadita de cúrcuma.
¼ taza de agua.
Cilantro picado, un puñado.

Preparación:
Calentar aceite en una cacerola y agregar las semillas, luego la cebolla, la cúrcuma y los demás vegetales. Cocinar a fuego medio aproximadamente 20 minutos –o hasta que los vegetales están tiernos–.

Servir acompañando con arroz basmati y espolvoreando con cilantro picado.

25. Aloo ghobi (papas con coliflor)

Ingredientes:
2 cebollas medianas, cortadas en cubos.
1 Kg de papas, cortadas en cubos.
1 coliflor mediano.
300 g de arvejas frescas.
4 cucharadas de aceite.
1 cucharada de semillas de sésamo.

1 cucharada de semillas de mostaza rubia.
1 cucharada de coriandro.
½ cucharadita de semillas de cardamomo.
1 cucharadita de comino.
1 cucharadita de semillas de hinojo.
1 cucharadita de kummel.
1 cucharadita de cúrcuma .
1 cucharadita de garam masala.
Cilantro picado, un puñado.

Preparación:
En una cacerola grande o en un wok calentar el aceite y las especias en semillas. Cuando comiencen a explotar se agregan las especias restantes (menos la cúrcuma, ya que se quema rápidamente e inunda con ese sabor desagradable la preparación. Es preferible incluirla cuando ya están los vegetales en el aceite o incluso unos cinco minutos antes de finalizar la cocción), la cebolla y las arvejas y luego la cúrcuma. Se revuelve, se rehoga y se añade el coliflor cortado de modo que las flores mantengan su forma (no hay que desarmarlo totalmente), luego de unos minutos se incorporan las papas cortadas en cubos.

Agregar una taza de agua y tapar la cacerola o el wok, cocinando a fuego mediano por veinte minutos o hasta que los vegetales estén tiernos. Espolvorear con el cilantro picado y servir acompañando con arroz basmati y chapatis.

26. Sabji (curry) vegetal tridóshico

Ingredientes:
1 taza de arvejas frescas.
1 taza de zanahoria cortada en cubos,
1 taza de papa cortada en cubos.
1 taza de chauchas cortadas en trozos.
1 taza de espárragos tiernos cortados en trozos.
¼ taza de hongos frescos.
1 cebolla picada.

1 hinojo chico cortado en juliana.
3 cucharadas de aceite.
2 cucharaditas de semillas de comino.
2 semillas de mostaza negra.
Sal, una cucharadita.
1 taza de agua.
2 cucharadas de cúrcuma.
1cucharadita de coriandro en polvo.

Preparación:
Colocar en un wok el aceite y las especias en semillas; cuando éstas comienzan a saltar añadir la cebolla, el hinojo, la zanahoria, y las especias en polvo. Luego ir agregando, de a uno, los otros vegetales, revolviendo la preparación cada vez que se incorpore alguno.

Agregar el agua y cubrir el wok con una tapa o fuente. Cocinar aproximadamente 20 minutos o hasta que los vegetales estén tiernos (probar las verduras más duras, como las chauchas o las arvejas). En este punto de la cocción se puede añadir una taza de yogur natural y se deja cocinar a fuego lento por diez minutos.

27. Preparación básica para rellenos

Ideal para rellenar tartas, zapallos o calabazas al horno.

Ingredientes:
3 cebollas de verdeo medianas picadas.
3 zucchinis medianos cortados en cubos.
2 choclos frescos desgranados.
1 taza de calabaza cortada en cubos.
2 cucharaditas de fécula de maíz disuelta en ½ taza de agua.
2 cucharadas de aceite.
½ cucharadita de semillas de coriandro.
½ cucharadita de semillas de eneldo.
½ cucharadita de semillas de comino.
Una pizca de sal.
Germen de trigo, un puñado.

Preparación:

Colocar el aceite en un wok o sartén, agregar las semillas y las cebollas de verdeo, luego los otros vegetales y revolver la preparación cada vez. Añadir la fécula disuelta en agua, tapar y cocinar hasta que los vegetales estén tiernos, pero no pasados. Rellenar la tarta o la calabaza, espolvorear con germen de trigo y llevar al horno para finalizar la cocción.

28. Dhal tridóshico

Los Dal o dhal son una manera fácil y popular en India de obtener una comida rica en nutrientes. Siempre son preparados con algo agrio en el *vagar* (mezcla de especias y ghee) para estimular el fuego digestivo. Esto debe ser agregado en los primeros pasos de la preparación para el mejor efecto. Se acompañan con arroz cocido y algunos vegetales.

Este dhal es apto para Vata, Pitta o Kapha (servido con condimentos calentantes como echalotes picados, ají verde fresco o jengibre seco para calmar Kapha) y se puede preparar en 1 hora.

Ingredientes:

1 taza de porotos mung partidos.
8 tazas de agua.
2 tazas de zapallitos cortados en rebanadas finas.
1 taza de zanahorias cortadas en rebanadas finas.
1/8 cucharadita de asafétida.
2cucharadas de ghee o de aceite de girasol.
1 y 1/4 cucharadita de cúrcuma.
1 cucharada de jugo de limón.
1 cucharadita de sal marina.
1/2 cucharada de raíz fresca de jengibre, picada.
1 pimiento verde, bien picado (omitir para Pitta).
1 y 1/4 cucharada de semillas de comino.
1/2 cucharadita a 1 de semillas de mostaza negra (la menor cantidad para Pitta, la mayor para Vata y Kapha)
Aderezo: hojas de coriandro frescas, picadas y coco rallado sin endulzar.

Preparación:
Lavar los porotos hasta que el agua salga clara. Lavar y cortar los vegetales.

Calentar 1 cucharada de aceite o ghee en una cacerola grande y pesada. Agregar asafétida, cúrcuma y jugo de limón, freír por 30 segundos sobre fuego bajo (sea cuidadoso, ya que la cúrcuma se quema fácilmente).

Añadir los porotos y revolver, friendo ligeramente por otros 1 ó 2 minutos. Incorporar los vegetales cortados y mezclar, y agregar agua, sal, jengibre y pimienta. Llevar a hervor a fuego fuerte, tapar y bajar el fuego a medio-bajo.

Dejar cocinar la sopa por 45 minutos, o hasta que los porotos estén disueltos. Calentar la cucharada de aceite restante en una sartén pequeña, agregar las semillas de comino y mostaza, calentar hasta que comiencen a estallar.

Añadir esta mezcla a la sopa, la cual estará así lista para servir. Antes de llevar a la mesa aderezar con hojas de coriandro fresco picado y coco.

29. Dhal para reducir el ama

Tiempo de preparación: 3 días para hacer brotar los porotos mung. 30 minutos a 1 hora para hacer la sopa.
-Vata, -Pita, -Kapha (sin ajo). -Vata, +Pita, -Kapha (con ajo).

Ingredientes:
2 a 3 tazas de porotos mung brotados.
2 a 3 tazas de vegetales picados (brócoli, zanahorias, hojas verdes, brotes, arvejas y espárragos).
1 y ½ cucharadas de ghee o de aceite de oliva.
1 a 2 dientes de ajo, o una cucharadita de jengibre fresco pelado y picado.
1 a 3 clavos aplastados (omitir si Pitta está elevado).
½ a 1 cucharadita de semillas de comino.
1 cucharadita de semillas de coriandro
½ a 1 cucharadita de cúrcuma.
½ cucharadita de pimienta negra fresca molida.

2 a 3 hojas de laurel.
1/8 de cucharaditas de: semillas de hinojo, asafétida, canela, cardamomo.
½ taza de hojas de coriandro frescas, picadas.
Aderezo: coco y más hojas de coriandro frescas picadas.
Sal.

Preparación:

Para hacer brotar los porotos mung hace falta ponerlos en remojo por aproximadamente tres días, cambiándoles el agua una o dos veces cada 24 hs., la cáscara puede ser quitada y quedarán los granos partidos. El mung es una excelente legumbre, aunque con los granos enteros no es tan fácil de digerir, y a menudo no es fácil conseguir los porotos partidos. Esta es una manera quizás no muy práctica pero sí útil de aprovechar sus ventajas y evitar sus inconvenientes.

Cocinar los porotos brotados en una olla tapada hasta que estén blandos. Usando el agua de cocción, hacerlos puré. Reservar.

En una cacerola, calentar aceite o ghee, agregar las especias y sacudir hasta sentir sus aromas. Agregar los vegetales cortados y el aceite y mezclar bien por 2 minutos, entonces añadir 4 a 6 tazas de agua. Volver a mezclar, llevar a hervor y luego reducir el fuego, cocinando hasta que los vegetales estén cocidos. Incorporar el puré de los porotos a la sopa y remover. Llevar a hervor nuevamente, reducir el fuego y dejar la sopa cocinándose por cinco minutos. Agregar más agua si se desea una consistencia menos espesa. Agregar sal a gusto, aproximadamente ½ cucharadita.

30. Dhal de arvejas

Ingredientes:

2 tazas de arvejas partidas.
6 tazas de agua.
2 zanahorias cortadas en cubos.
1 diente de ajo picado.

2 zapallitos o zucchinis medianos cortados en cubos.
1 cebolla mediana cortada en cubos.
3 cucharadas de aceite.
1 cucharadita de jengibre fresco picado.
1 cucharada de semillas de comino.
1 cucharada de cúrcuma.
1 cucharada de coriandro.
2 cucharadas de semillas de sésamo.
2 trozos de canela en rama, de unos 3 cm cada uno.
4 vainas de cardamomo.
1 cucharadita de ají molido (opcional, evitar para Pitta).
1 cucharadita de sal marina.
1 cucharadita de azúcar integral de caña.

Preparación:
En una olla profunda colocar el aceite junto con las especias en semillas. Cuando comienzan a saltar o explotar, agregar el jengibre, el ajo y la cebolla. Luego añadir la cúrcuma y el resto de las especias. Incorporar los vegetales cortados y las arvejas partidas, mezclar y verter el agua. Cocinar entre 40 y 50 minutos luego del hervor. Retirar las cortezas de canela y procesar la preparación con un mixer, si fuera necesario agregar agua hirviendo para alivianar la consistencia. Servir acompañando con arroz basmati.

31. Milanesas de soja y arroz integral

Las cantidades de esta receta pueden reducirse proporcionalmente, de todas formas es conveniente hacer un buen número de milanesas y conservarlas listas en el freezer Son muy prácticas al volver tarde del trabajo cuando no queremos cocinar. Se acompañan con una ensalada o con arroz.

Ingredientes:
250 g de harina de soja tostada.
2 tazas de avena fina o extrafina.
½ taza de aceite.

500 g de harina de arroz integral tostado[2].
1 taza colmada de gluten puro[3].
Condimentos (permitidos para cada constitución, a gusto).
2 tazas de zanahoria picada, repollo colorado o remolacha.
3 dientes de ajo picado (a gusto, pueden ser menos).
Agua caliente, cantidad necesaria.
Rebozador integral o de arroz, cantidad necesaria.

Preparación:

Se procesa o se pica finamente la verdura elegida, se vuelca en un recipiente grande para contener la preparación, se agrega ajo y todos los condimentos. Se añaden las harinas, la avena y el gluten mezclando muy bien. Se forma un hueco con la mano en el centro y allí se irá agregando el agua caliente y el aceite en forma lenta, de modo que hidrate la mezcla. No conviene excederse con el agua, preferiblemente se irá agregando de ser necesario, ya que hay que formar una masa firme. Amasar un poco y dejar reposar unos minutos.

Hacer las milanesas tomando porciones de la masa con las manos húmedas, formando bollitos que luego se aplastan directamente sobre el rebozador puesto en una fuente plana, de un lado y del otro. Tratar de que el espesor sea aproximadamente de 1 cm.

El secreto de estas milanesas es que no se pasen de cocción, ya que se endurecerían. Cocinar al horno sobre una fuente con un poquito de aceite, cuando toman color dorado darlas vuelta y cocinar por no más de cinco minutos del otro lado.

El tiempo total de cocción dependerá de la temperatura del horno y de si la milanesa está recién sacada del freezer o no.

---

2   La harina de arroz integral tostado no se encuentra en todas las casas de alimentos naturistas, por lo que se puede reemplazar por harina integral fina. También se pueden hacer las milanesas íntegramente de harina de soja tostada.

3   El gluten debe ser puro, no harina glutinada.

32. Milanesas de soja

Ingredientes:
1 kilo de porotos de soja partidos.
4 cucharadas de queso rallado.
1 cucharadita de albahaca.
1 cucharadita de romero.
1 cucharadita de orégano.
1 cucharadita de semillas de sésamo.
1 cucharadita de comino en polvo.
1 cucharadita de ajo en polvo.
1 cucharadita de coriandro.
1 cucharada de hongos secos picados.
1 cucharadita de sal marina.
1 cucharadita de cúrcuma.
2 tazas de avena arrollada fina o extra fina.
¾ kg de fécula de mandioca.
Agua tibia, cantidad necesaria
Para rebozar: harina de maíz, germen de trigo, pan rallado o rebozador de arroz.

Preparación:
Remojar toda una noche los porotos de soja, luego cocinarlos en agua hirviendo, escurrirlos y procesarlos junto a los otros ingredientes. Con la pasta resultante armar una masa que pueda trabajarse fácilmente, tomar porciones y aplastarlas sobre una fuente con rebozador (la humedad de la masa hace que éste se pegue fácilmente sin necesidad de huevo batido). Colocar las milanesas en una asadera aceitada y cocinarlas en un horno con fuego mediano hasta que estén doradas de ambos lados.

33. Milanesas de soja con gluten

Ingredientes:
500 g de harina de soja tostada.
500 g de harina de gluten (pura, no utilizar harina glutinada).
1 cucharadita de sal marina.

1 cucharadita de garam masala.
1 cucharada de cúrcuma.
½ cucharadita de ajo en polvo.
1 cucharada de comino en polvo.
1 cucharada de coriandro en polvo.
Agua tibia, cantidad necesaria

Preparación:
Poner una cacerola grande llena de agua a hervir (se pueden agregar algunas verduras para dar sabor).

Armar por otro lado una masa mezclando las dos harinas, las especias y los condimentos, e ir agregándole de a poco agua tibia. Esto da por resultado una masa gomosa debido al gluten. Cuando el agua rompa el hervor, ir tomando pequeñas porciones de masa y aplastarlas entre las manos, introduciéndolas en el agua hirviendo.

Las milanesas se hundirán y luego de unos minutos comenzarán a flotar, será el momento de sacarlas con una espumadera. Luego se pueden utilizar como bifecitos o rebozar y utilizar como milanesas.

34. Paté con pasta de soja

Ingredientes:
250 g de porotos de soja partidos.
1 cucharadita de coriandro molido.
1 cucharadita de eneldo molido.
1 cucharadita de cardamomo molido.
Sal, a gusto.
½ taza de ciboulette picado.
3 cucharadas de crema de leche o de queso crema.
1 cucharada de mostaza.
2 cucharadas de aceite de oliva.

Preparación:
Remojar una noche los porotos de soja, cocinarlos en agua hirviendo, escurrirlos y procesarlos. A esta preparación se le agregan las especias, las hierbas, sal, aceite de oliva y crema.

Mezclar muy bien hasta lograr una pasta suave y colocar en un molde de budín o en pequeños moldes redondos. Cocinar en un horno con fuego mediano a baño maría.

Está listo cuando se introduce un palillo en el paté y éste sale limpio. Se puede acompañar con una ensalada de apio, zanahoria e hinojo.

35. Paté de porotos aduki

Ingredientes:
500 g de porotos aduki.
1 cucharadita de coriandro molido.
1 cucharadita de eneldo molido.
1 cucharadita de cardamomo molido.
Sal, a gusto.
½ taza de ciboulette picado.
3 cucharadas de crema de leche o de queso crema neutro.
1 cucharada de mostaza.
2 cucharadas de aceite de oliva.

Preparación:
Poner en remojo los porotos al menos por cuatro horas, o toda la noche. Luego, cocinar en el doble de agua por aproximadamente una hora, hasta que estén muy blandos, colar y procesar o pisar para hacer un puré.

Agregar los otros ingredientes y mezclar bien hasta lograr una pasta suave.

Colocar en un molde rectangular o en pequeños moldes redondos, y cocinar en un horno con fuego mediano a baño María.

Como en la receta anterior, está listo cuando se introduce un palillo en el paté y este sale limpio.

36. Mayonesas naturales

Estas "mayonesas" son sanas, no se les agrega ningún conservante y son relativamente rápidas de hacer. Sirven para realzar las ensaladas, el arroz basmati cocido y para elaborar todo tipo de arrollados y entradas saladas.

Además de las recetas que siguen, nuestra imaginación puede crear innumerables combinaciones: morrones, palta y aceitunas; zapallo o calabaza con crema, por ejemplo. Eso sí, siempre licuar o procesar con aceite y jugo de limón.

• De zanahoria

Ingredientes:
3 zanahorias cocidas.
3 papas cocidas.
2 cucharadas de jugo de limón.
1 pocillo de aceite.
Sal y pimienta a gusto.

Preparación:
Colocar en una licuadora o procesadora las papas y las zanahorias cocidas. Agregar los demás ingredientes y licuar o procesar bien, hasta lograr una mezcla homogénea,
Si hiciera falta darle más fluidez, añadir más aceite y jugo de limón. También se puede agregar un diente de ajo.
El aceite de oliva da un sabor más intenso, recomendamos utilizar el de girasol, que es neutro.

• De remolacha

Ingredientes:
3 papas cocidas.
2 remolachas cocidas.
2 cucharadas de jugo de limón.
1 pocillo de aceite.
Sal y pimienta.

Preparación:
Se prepara igual que la receta anterior, sólo que la remolacha se corta en trocitos más chicos antes de licuarla o procesarla.

• **De garbanzos y zanahoria**

Ingredientes:
½ *taza de zanahorias cocidas.*
½ *taza de garbanzos (pueden ser reemplazados por arvejas cocidas).*
1 cucharada de jugo de limón.
1 rama de apio (opcional).
¼ *de cucharadita de orégano seco.*
Sal.

Preparación:
Licuar o procesar todos los ingredientes bien calientes, con un mínimo de caldo de verduras o agua (debe quedar bien espesa).

37. Raita

Es una mezcla muy popular en India, donde se come fría como acompañamiento de papas hervidas, chapatis o arroz blanco. Personalmente me ayuda a equilibrar el exceso de picante.

Ingredientes:
1 zanahoria.
1 pepino.
1 cebolla.
50 g de repollo.
100 g de yogur natural.
1 cucharadita de semillas de comino.
1 cucharadita de mostaza en polvo.
1 cucharadita de azúcar rubia.
Sal y pimienta, a gusto.
Hojas de perejil o coriandro, a gusto.

Preparación:
Cortar en juliana los vegetales. Mezclar con el yogur y condimentar con sal, azúcar, pimienta, mostaza y el comino tostado en seco y molido. Antes de servir espolvorear con las hojas de perejil o coriandro.

38. Salsas para pastas

Varios ejemplos de salsas de distintos colores para no sólo realzar el sabor de las pastas, sino también la vista del plato. A todas se les puede agregar, al servir el plato, unos champiñones fileteados y salteados en un poquito de aceite, como así también unas hierbas frescas como hojas de perejil, menta o coriandro picadas, o unas semillas de sésamo tostadas. Una delicia.

• De remolacha

Ingredientes:
3 remolachas.
1 diente de ajo.
½ cucharadita de jengibre picado.
2 cucharadas de aceite de oliva.
Líquido de cocción de las remolachas.
Sal a gusto.

Preparación:
Cocinar las remolachas con su cáscara en poco líquido. Pelarlas y licuarlas o procesarlas con los demás ingredientes hasta obtener una salsa de consistencia pareja. Si queda muy espesa, añadir más líquido de coción.

• De chauchas

Ingredientes:
400 g de chauchas.
1 diente de ajo.

2 cucharadas de aceite de oliva.
Líquido de cocción de las chauchas, a gusto.
Sal.

Preparación:
Cocinar las chauchas en agua hirviendo o al vapor. Luego procesarlas o licuarlas con los demás ingredientes, hasta obtener una salsa de consistencia pareja. Si queda muy espesa, añadir más líquido de cocción.

• De calabaza

Ingredientes:
1 calabaza.
1 cucharada de azúcar rubia.
Sal y pimienta.

Preparación:
Cocinar la calabaza al vapor o al horno, pelarla y licuarla con los demás ingredientes hasta obtener una salsa de consistencia pareja.

• Crema de cebollas

Ingredientes:
3 cebollas.
2 cucharadas de salsa de soja.
3 cucharadas de queso crema neutro, panir o tofu.
Sal y pimienta.
Agua de cocción de la pasta, cantidad necesaria.

Preparación:
Cocinar las cebollas al vapor rociadas con la salsa de soja. Licuarlas o procesarlas junto con los demás ingredientes, agregando un poco del agua de cocción de la pasta hasta obtener una crema pareja.

- Crema de legumbres

Ingredientes:
½ taza de porotos aduki, garbanzos o de la legumbre que
   se prefiera.
1 trozo de alga kombu.
1 diente de ajo.
½ cucharadita de orégano seco.
1 hoja de laurel.

Preparación:
Cocinar las legumbres en agua hirviendo con todos los ingredientes. Escurrir y licuar o procesar hasta obtener una crema pareja, añadiendo agua de la cocción de la pasta. También, combina muy bien con una salsa de cebollas, ajo, zanahoria y morrones, a la que se la puede agregar.

- De algas

Ingredientes:
3 dientes de ajo cortados finamente.
2 ó 3 cucharadas soperas de algas picadas (se calcula una
   cucharada por persona).
3 cucharadas de aceite de oliva.
Aceite de maíz, cantidad necesaria.

Preparación:
Pincelar una sartén con el aceite de maíz y agregar los dientes de ajo. Cuando tomen color dorado agregar las algas picadas. Mezclar bien con una cuchara de madera durante 1 minuto y apagar el fuego. Esparcir sobre los fideos junto con el aceite de oliva.

39. Samosas (empanaditas de verdura)

Ingredientes:
2 o 3 papas medianas cocinadas y cortadas en cubos.
½ coliflor pequeña picada.
200 g de arvejas frescas hervidas.
4 cucharadas de ghee o aceite.
1 cucharadita de semillas de comino.
1 cucharadita de cúrcuma.
¼ cucharadita de clavo molido.
½ cucharadita de canela.
½ cucharadita de sal.
¼ cucharadita de pimienta.
12 discos de masa para empanadas.

Preparación:
Calentar en una sartén grande el ghee o aceite, y saltear las semillas de comino. Cuando empieza a dorarse poner las especias en polvo, friéndolas por unos minutos más. Añadir los cubos de papa, freírlos removiendo de tres a cuatro minutos. Incorporar dos cucharadas de agua, cubrir la cacerola y dejar cocinar por 5 minutos, hasta que las hortalizas estén tiernas (cuidando de que no se quemen). Luego, añadir las arvejas, condimentar con sal y pimienta y dejar enfriar un poco.

Cortar los discos de masa por el medio, sostener cada semicírculo humedeciendo la mitad del lado recto, y unir los dos extremos, formando un cono.

Llenar dos tercios del cono con el relleno, cerrar la entrada pellizcando y doblando los bordes juntos, formando una cresta acordonada.

Finalmente, freír en ghee o cocinar en el horno hasta que estén doradas.

40. Pulao (arroz especiado)

Preparación:
1 taza de arroz basmati o thasmin.
½ de taza de manteca, ghee o aceite.
2 y ½ tazas de agua.
½ cucharadita de semillas de mostaza.
1 cucharadita de cúrcuma.
½ taza de pimiento verde picado
1 cebolla mediana picada.
¼ de taza de castañas de cajú o semillas de girasol.
¼ de taza de pasas de uva sin semillas.
½ cucharadita de sal.
1 y ½ cucharadita de curry en polvo.

Preparación:
En una olla o wok calentar el aceite y agregar las especias en semillas, el pimiento, la cebolla, las castañas de cajú y el arroz. Revolver constantemente por tres minutos, evitando que se queme. El arroz tomará un tono ligeramente dorado.

Añadir el agua y las especias en polvo junto con las pasas de uva. Cocinar hasta que el arroz esté a punto, aproximadamente diez minutos. Incorporar más agua si fuera necesario. Dejar reposar unos minutos luego de apagar el fuego y antes de servir.

41. Ensaladas de hojas

El secreto de las ensaladas consiste en la combinación de sabores y en la creatividad, utilizando los vegetales y condimentos permitidos. Es importante, también, el efecto visual, por lo que se tratará de combinar los colores.

Posibles combinaciones:

A la lechuga u otras verduras de hoja añadir:
Queso.

Semillas de sésamo tostado y molido.
Semillas de girasol tostado.
Porotos hervidos.
Brócoli, coliflor y arvejas hervidas.
Brotes de soja o de alfalfa.
Pasas de uva.
Zanahoria o remolacha cruda rallada.
Aceitunas verdes o negras picadas.
Manzana verde cortada en cubitos o rallada.
Corazones de alcaucil.
Papas cocidas cortadas en cubos.

Todas estas variantes se pueden condimentar con aceite de oliva o preparar alguna mayonesa vegetal o aderezos naturales en colores contrastantes.

42. Ensalada de trigo burgol

El trigo se utiliza crudo, lavándolo bien y dejándolo en remojo dos horas para eliminar impurezas y ablandarlo. Finalmente, se cuela. La proporción es de 1 taza de trigo por 2 de agua.

Ingredientes:
1 taza de trigo burgol.
1 taza de apio picado.
1 taza de arvejas hervidas.
2 tomates medianos cortados en cubos, sin semillas y pelados.
1 taza de hojas de escarola o lechuga.
10 aceitunas negras.
1 taza de zanahoria rallada.

Preparación:
Mezclar todos los ingredientes en un bowl y servir con huevo duro cortado en cuartos como decoración.

Se condimenta con aceite de girasol, pimienta negra, sal, y también se le puede agregar salsa de soja o mayonesa de cualquier verdura con un toque de aceto balsámico.

43. Tamatar (chutney de tomates)

Se mezclan aquí los sabores dulce y picante, lo que lo hace muy saborizado. Es un excelente acompañamiento para el arroz blanco sin especiar o el chapati. Hay chutneys de coco, menta, mango, y todos llevan distintos condimentos.

Ingredientes:
4 cucharadas de aceite.
2 cucharadas de semillas de mostaza negra.
2 cucharaditas de coriandro.
1 cucharadita de ajo en polvo.
5 clavos de olor.
2 hojas de laurel.
2 cucharaditas de sal.
8 tomates pelados y licuados.
1 cucharada de jengibre fresco rallado.
4 cucharadas de azúcar rubia.

Preparación:
Calentar el aceite en una olla y agregar las semillas, las especias y la sal. Cocinar unos minutos para que se perfume el aceite. Agregar los tomates, el jengibre y el azúcar, y cocinar destapado revolviendo para que no se pegue. Cuando está más espeso, revolver más rápido hasta que se seque, momento en que estará listo.

44. Upma (sopa espesa con verduras y fideos)

Ingredientes:
2 cucharadas de ghee o de aceite de girasol.
1 cucharadita de semillas de comino.
1 cucharadita de semillas mostaza negra (excepto para Pitta).
1 cucharadita de semillas de mostaza blanca (excepto para Pitta).
1 cucharada de semillas de sésamo.
1 cucharadita de jengibre fresco rallado.
1 cebolla mediana picada.

1 morrón mediano picado.
1 cucharadita de sal.
1 cucharadita de hojas de romero.
1 cucharadita de hojas de tomillo.
1 cucharada de coriandro.
1 taza de coliflor picado.
1 taza de repollo colorado.
1 bulbo chico de hinojo picado.
3 tomates medianos pelados y picados.
1 taza de granos de choclo (es bueno para Kapha, pero que no sean congelados).
1 zanahoria mediana picada.
200 g de fideos secos para sopa (tipo cabello de ángel).

Preparación:
Tostar los fideos en un wok con una cucharada de ghee o aceite, cuidando de no quemarlos. Deben tomar un color dorado.

Aparte, en una sartén, colocar el ghee restante y agregar las especias en este orden: primero las semillas, luego las hojas y por último las especias en polvo.

Añadir inmediatamente la cebolla, revolver e incorporar los otros vegetales picados. Volver a mezclar y verter agua hasta casi cubrir la preparación. Cocinar entre 10 y 15 minutos.

Luego agregar los fideos tostados y dejar aproximadamente 7 minutos más para que se cocinen. El resultado de la preparación es una sopa bien espesa y muy nutritiva. En el momento de servir se le puede agregar 1 tomate pelado y licuado con albahaca (opcional).

45. Pizza de harina integral

Ingredientes:
1 sobre de levadura seca diluida en agua tibia.
1 kg de harina integral fina.
1 cucharadita de azúcar.
½ taza de aceite.
2 cucharaditas de sal.
Agua tibia, cantidad necesaria.

Preparación:

Mezclar la harina con la levadura, la sal y el aceite, ir agregando agua tibia lentamente hasta formar una masa liviana y húmeda. Dejar descansar cerca del horno hasta 1 hora, para que leve. Dividir la masa de acuerdo al gusto (a la piedra, media masa o de molde) y estirar sobre una placa para horno. Pintar con un poco de salsa (ver a continuación) y pre cocinar para que quede crocante la base. Luego agregar el resto de la salsa, un poco de queso que funda bien y condimentos a gusto.

Con estas proporciones salen más o menos 2 pizzas grandes o 3 más pequeñas

Salsa cruda: licuar o procesar 5 tomates pelados y sin semillas, 2 dientes de ajo, algunas hojas de albahaca, una pizca de azúcar y otra de sal.

Salsa cocida: cocinar en un poco de aceite, con cuidado de que no se queme, 1 taza de granos de choclo, 1 taza cebolla de verdeo picada y 10 champiñones cortados en láminas. Agregar sal y pimienta a gusto.

Postres

46. Postre de manzana

Esta receta es para dos porciones.

Ingredientes:
1 manzana.
10 g de pasas de uva.
2 nueces peladas y picadas.
2 cucharaditas de azúcar rubia.
Canela en polvo, a gusto.
2 cucharadas de crema de leche.

Preparación:
Cortar la manzana por la mitad, sacar el tronco y las semillas, y rellenar con las pasas, las nueces y el azúcar. Cocinar en una fuente enmantecada en un horno con fuego mediano por 15 o 20 minutos. Una vez enfriada servir con la crema de leche.

47. Peras al jengibre

Ingredientes:
4 peras verdes o muy consistentes, cortadas, peladas y sin
*   semillas.*
½ kilo de azúcar rubia.
Jugo de 2 limones.
2 cucharadas soperas de jengibre rallado.
½ litro de agua.

Preparación:
Pelar, cortar en cuatro y sacar las semillas de las peras. Colocarlas en una cacerola con los otros ingredientes y cocinar hasta tiernizar, pero evitando que se deshagan. Se pueden agregar algunas frutillas para dar color al almíbar que se forme. Colar el líquido de cocción para desechar el jengibre rallado. También se le puede añadir en este momento dos cucharadas de mermelada de frutos rojos.

Es un postre perfecto para servir tibio o frío, y también puede acompañarse con helado o crema (esto último deberá ser evitado por los de biotipo Kapha).

48. Muffins de banana

Baja Vata, neutral para Pitta y agrava Kapha.

Ingredientes:
2 bananas grandes bien maduras (de esas que ya nadie quiere comer).
½ taza de miel de cebada, o de almíbar de arroz, o de mermelada orgánica, o de melaza de maíz.
3 cucharadas de pasas de uva.
4 nueces peladas cortadas por la mitad.
1 y ½ taza de harina integral fina.
1 y ½ cucharadita de té de polvo de hornear.
½ cucharadita de sal.
½ cucharadita de cardamomo en polvo, o nuez moscada, o clavo de olor.
½ cucharadita de canela.
Aceite de girasol, cantidad necesaria.

Preparación:
Pisar las bananas con el aceite y la miel, almíbar, mermelada o melaza. Aparte, mezclar la harina, el polvo de hornear y las especias. Agregar gradualmente la preparación cremosa a la de ingredientes secos, mezclar bien y añadir las pasas y las nueces.

Pintar moldes pequeños o pirotines con ghee y hornear 20 ó 25 minutos en un horno muy caliente los primeros cinco minutos, luego bajarlo a fuego medio. Desmoldar una vez fríos y servir como acompañamiento de un té o como postre coronado con una cucharadita de mermelada de frutos rojos.

49. Sandesh (dulce tradicional)

Ingredientes:
½ kg de panir o ricota.
100 g de azúcar integral de caña.
2 cucharaditas de agua de rosas (se puede reemplazar por esencia de vainilla).

Preparación:
Si se utiliza panir recién hecho (es el ingrediente ideal) se cuela muy bien dejando escurrir la mayor cantidad de líquido posible. El queso colado se amasa cuando se va enfriando, para no quemarse; cuanto más se amasa mejor queda. Luego, se divide en 2 partes poniendo una mitad en una olla con el azúcar. Hay que cocinarlo revolviendo siempre y cuando se despega de la olla, será el momento de retirarlo del fuego y de extenderlo en la mesada hasta que se entibia, ahí se mezcla con la otra mitad del queso y se perfuma con el agua de rosas.

Finalmente, se estira con palote y se corta en cuadraditos. Se puede adornar con almendras fileteadas, pistachos o ralladura de naranja.

50. Bolitas de leche en polvo

Ingredientes:
1 taza de leche en polvo.
1 taza de azúcar impalpable.
1 cucharadita de cardamomo en polvo.
½ taza de manteca a punto pomada o de ghee.
1 cucharadita de canela en polvo.

Preparación:
Se mezclan la leche en polvo, las especias y el azúcar impalpable con la manteca (de acuerdo a la consistencia del azúcar, se puede necesitar un poco más de manteca) y se forman bolitas del tamaño de una nuez. Antes de consumir-

se, se deben colocar en la heladera un par de horas para que tomen consistencia. Son ideales para acompañar un chai (té especiado indio).

51. Arroz con coco dulce

Ingredientes:
350 g de arroz thasmín o basmati.
200 g de azúcar rubia.
700 cc. de agua.
50 g de almendras o de pistachos.
50 g de castañas de cajú.
50 g de pasas de uva rubias.
½ cucharadita de cardamomo.
½ cucharadita de canela.
150 g de coco rallado fresco.
4 cucharadas de aceite.

Preparación:
Calentar 2 cucharadas de aceite en un wok y tostar las frutas secas y el coco.

El arroz se sella con las 2 cucharadas de aceite restante en otra cacerola de mayor tamaño. Agregar en la cacerola el agua con el azúcar, el cardamomo y la canela, y revolver bien. Añadir las frutas secas y cocinar de 5 a 7 minutos, hasta que esté el arroz listo. Se puede servir tibio o frío. Excelente para los días de invierno.

52. Cuadraditos de manzanas

Ingredientes:
4 tazas de harina integral superfina.
1 y ½ taza de azúcar rubio.
1 taza de fécula de maíz (o maicena).
½ litro de leche.
1 cucharada de polvo para hornear.
1 cucharada de canela en polvo.

1 cucharadita de cardamomo.
1 pizca de sal.
3 manzanas rojas chicas ralladas.
2 manzanas verdes cortadas en fetas redondas finas, sin el centro.
2 cucharadas de ghee colmadas.
¾ taza de coco rallado.
1 taza de pasas de uva sin semillas.
1 taza de nueces picadas.
1 cucharadita de esencia de vainilla.
3 cucharadas de miel de cebada.

Preparación:
Mezclar las manzanas con el coco rallado, las pasas y la leche. Aparte mezclar todos los ingredientes secos, la harina, la fécula, el azúcar, las especias y el polvo para hornear. Siempre se prepara toda la mezcla seca por un lado y la húmeda por otro, la que se va agregando paulatinamente a lo seco mientras se revuelve. Formar una pasta blanda de bizcochuelo y colocar en una fuente para horno rectangular untada con ghee y harina.

Se colocan por encima rodajas de manzanas verdes con cáscara para decorar y miel de cebada, ya que la miel de abejas no se puede cocinar. Se lleva por 30 o 35 minutos a un horno medio.

Luego, se deja enfriar, se desmolda y se corta en cuadraditos. Servir espolvoreándolos con azúcar impalpable o coco rallado.

53. Halava de zanahorias o frutas

Ingredientes:
1 kg de zanahorias.
100 g de manteca (o 3 cucharadas de ghee).
300 g de azúcar integral de caña.
¼ litro de leche (para Kapha puede hacerse sin leche, con agua).
½ taza de nueces picadas (puede reemplazarse por avellanas, almendras o pistachos).
½ taza de pasas de uva sin semillas.
½ cucharadita de cardamomo en polvo.

Preparación:
Rallar las zanahorias y rehogarlas en un poco de la manteca. Agregar las nueces, el resto de la manteca, la leche, las pasas y el cardamomo en polvo. Cocinar a fuego mediano hasta que se evapore todo el líquido, formándose como una pasta que se separa de los bordes de la olla.

Se puede comer como un postre de crema o se enfría y se prensa en una fuente de vidrio, formando una capa de una altura de 1 y ½ a 2 cm. En este caso, se pone en la heladera y se come bien frío, cortándolo en pequeños cuadraditos, decorados con una almendra o un pistacho.

54. Khir

Ingredientes:
1 taza de fideos cabellos de ángel cortados muy pequeños.
1 taza de leche.
½ cucharadita de cardamomo en polvo.
50 g de almendras fileteadas y peladas (para pelarlas remojarlas primero en agua caliente más o menos ½ hora).
3 cucharadas de pasas de uva.
1 pizca de azafrán, si es en hebras, con 2 es suficiente.
1 y ½ cucharada de miel de cebada.
2 cucharadas de ghee ó 1 y ½ de aceite.
½ cucharadita de canela

Preparación:
Calentar el ghee en un wok y tostar allí los fideos, teniendo cuidado de que no se quemen (quedan de color miel).

Colocar la leche en una cacerola con el azafrán, cuando empieza a hervir agregar los fideos y revolver bien para que no se peguen. Cocinar 4 ó 5 minutos y agregar las pasas y las almendras fileteadas. Una vez retirada la preparación del fuego, añadir la miel de cebada. Se sirve frío en pequeñas compoteras adornadas con almendras.

55. Budín simple con sésamo

Ingredientes:
250 g de harina integral fina.
50 g de azúcar rubia.
50 g de semillas de sésamo.
100 g de manteca o ghee.
1 cucharadita de bicarbonato.
Leche, cantidad necesaria.

Preparación:
Mezclar la harina, la manteca, el azúcar y el sésamo. Hacer una masa blanda agregando la leche y colocar en un molde enmantecado y enharinado.
Cocinar en un horno a temperatura mediana por 30 minutos. Desmoldar y cortar cuando esté frío.

56. Gulab jamun (bombones de masa en almíbar)

Ingredientes:
8 cucharadas colmadas de leche en polvo.
2 cucharadas de harina.
2 cucharadas de ghee.
Una pizca de polvo para hornear o bicarbonato de sodio.
½ taza de leche (para mezclar).
1 y ½ taza de azúcar.
1 y ½ taza de agua.
½ cucharadita de cardamomo molido.
Unas gotas de esencia de agua de rosas.
Ghee para freír, cantidad necesaria.

Preparación:
Mezclar la leche en polvo, la harina y el polvo de hornear o bicarbonato. Agregar leche hasta formar una masa blanda y dejar descansar unos 15 minutos. Aparte, preparar un almíbar con el azúcar y el agua de una consistencia de hilo, añadir la esencia de rosas y el cardamomo y mantener caliente. Si el

almíbar se pone espeso, agregar un poco de agua caliente, ya que los jamuns no se empaparán en el jarabe espeso.

Formar bolitas de masa del tamaño de ciruelas y freírlas en ghee. Una vez que tomaron color marrón dorado, retirarlas y sumergirlas en el almíbar caliente por una hora. Se pueden servir frías o calientes y quedan deliciosas con crema batida o helado de crema.

57. Galletitas de avena (dulces)

Ingredientes:
2 tazas de harina integral fina.
3 tazas de avena fina.
3 cucharadas de ghee o manteca.
1 taza de azúcar rubia.
1 taza de nueces picadas.
Leche, cantidad necesaria.
Opcional: coco rallado.

Preparación:
En un bowl grande batir la manteca y el azúcar. Añadir la avena, la harina y los otros ingredientes y formar una masa con la leche. Preparar bolitas y aplanarlas ligeramente al colocarlas sobre una fuente enmantecada. Hornear de 15 a 20 minutos a fuego moderado, hasta que estén bien doraditas.

Bebidas

58. Lassi

Una bebida muy fresca que facilita la digestión.

Ingredientes:
1 vaso de yogur natural.
½ vaso de agua
2 cucharaditas de azúcar rubia o miel.
2 semillas de cardamomo, o menta de hojas, o 1 cucharadita de esencia de agua de rosas no artificial (se consigue en casas de comida árabe y algunos hipermercados).

Preparación:
Simplemente se licua todo junto o se bate con un tenedor hasta que el yogur se mezcla bien con el agua. Se bebe fresco.

59. Leche caliente

Preparación:
Agregar a la leche una pizca muy pequeña de ghee y especias recomendadas (cardamomo, canela), añadir azúcar rubia (no miel), y frutas secas (castañas de cajú, almendras, higos, ciruelas). Poner al fuego y dejar hervir, vigilando para que no se desborde, repetir ese hervor por tres o cuatro veces.

Si se deja enfriar o se consume de un día para otro hay que volver a hervir antes de tomar.

60. Infusiones de hierbas

Siempre es preferible hacerlas directamente de la hierba y no de los sobrecitos, porque con el tiempo el contenido de los mismos se seca y ya no tiene el mismo sabor, ni mantiene las mismas propiedades terapéuticas.

Preparación:

Colocar un puñado de las hierbas en un jarro hervidor y llenar con agua, dejando hervir por unos minutos. Si se quiere
endulzar hacerlo con azúcar rubia, integral de caña o hierba
dulce. No endulzar con miel. Colar la infusión.

Se pueden conservar termos con este té, para no tener que
realizar el proceso cada vez.

Hierbas y especias muy buenas para infusiones: menta, anís
estrellado, lavanda, manzanilla, regaliz, canela en rama, cedrón,
tilo (ver los listados de hierbas adecuadas para cada biotipo).

Germinados, leches y quesos vegetales, salchichas vegetarianas

Germinados

La mayoría de los germinados no se suelen encontrar en el mercado, pero se pueden preparar en casa de una manera fácil y económica.

La germinación hace que las semillas de cereales y leguminosas aumenten su valor nutricional.

Cuando un grano cuenta con el agua, el oxígeno y el calor necesario, germina para formar un nuevo ser vivo, una planta que a su vez producirá nuevas semillas. Algunos maestros ayurvédicos contemporáneos ven en la práctica de la germinación algo que no debería realizarse en exceso, ya que la entienden como una manera de malgastar la energía cósmica de la creación.

Sin embargo, los germinados son una fuente maravillosa que nos da la naturaleza para obtener nutrientes esenciales de una manera sencilla y realizada en nuestra propia cocina.

Cualquier legumbre o grano de cereal puede ser germinado; los más apreciados por su textura y buen sabor de sus brotes son los obtenidos de legumbres (soja verde, poroto mung, alfalfa), cereales (trigo, cebada) y de distintos vegetales como berro, rábano, calabaza, girasol, sin olvidar el lino y el sésamo.

Los granos germinados se digieren más rápidamente y son más ricos en vitaminas A, B, y E, calcio, potasio, magnesio y en oligoelementos: hierro, selenio y zinc.

En contra del indeseable efecto acidificante de las concentradas semillas secas, los germinados actúan regulando el equilibrio ácido-base del organismo, aportando fibra de gran calidad biológica.

Su abundante contenido de vitaminas, minerales, enzimas, proteínas y clorofila, en proporciones equilibradas y su escasez de hidratos de carbono, los sitúan entre los alimentos más completos y mejor digeribles.

La rica concentración de enzimas actúa sobre el metabolismo, favoreciendo la regeneración del torrente sanguíneo y del aparato digestivo. El consumo de germinados favorece para una buena regulación intestinal y fortalecimiento del intestino, contribuyendo a disminuir la producción de gases y deshechos y renovando la flora intestinal.

Además, tonifican el sistema nervioso y actúan como limpiadores gracias al arrastre de las sustancias tóxicas acumuladas en el tracto digestivo.

Al ser de fácil preparación, el proceso de germinación es una actividad que se puede realizar con los niños pequeños.

Por lo general, deben ser consumidos en crudo para no mermar su contenido nutricional.

Pueden usarse en todas las ensaladas, aunque también se pueden añadir a otros platos como revueltos, purés, sopas, guisos, potajes, salteados, guarniciones, bocadillos. La única precaución a tomar es añadirlos al final de la cocción, para que estén el mínimo tiempo al fuego.

Es evidente, entonces, que los germinados son alimentos muy vivos y activos interiormente, y que nos proporcionan una enorme cantidad de nutrientes al tiempo que nos contagian su gran vitalidad.

Para germinar semillas necesitamos seguir los siguientes y muy sencillos pasos:

- Seleccionar semillas apropiadas para ser consumidas germinadas, en buenas condiciones higiénicas y de conservación.

- Ponerlas a remojar en un frasco de vidrio (nunca de metal) tapado con una tela fina que ajustaremos al borde del frasco con una bandita elástica.

- Agregar agua: tres o cuatro veces superior al volumen de semillas.

- Dejar reposar las semillas de 8 a 12 horas en un lugar oscuro y cálido (observarán que en invierno la germinación lleva más tiempo).

- Desechar el agua y lavar las semillas con agua tibia.

- Enjuagarlas y cambiar el agua dos o tres veces al día hasta que se vean los brotes (tardan de dos a cinco días, dependiendo del tipo de semilla).

- Las semillas no germinadas deberán desecharse.

- El tamaño al que hay que comer los brotes varía con la semilla: la alfalfa o las lentejas sacan brotes de 4 o 5 cm fácilmente y sin problemas. Con el trigo y el arroz, los brotes sólo miden unos milímetros.

Germinado de alfalfa

Probablemente son las semillas más populares para germinar. Los brotes de alfalfa contienen gran cantidad de todos los minerales, vitaminas y oligoelementos necesarios para mantener nuestros procesos vitales. Contienen los aminoácidos más importantes y una excelente relación calcio/fósforo (muy importante pata evitar la osteoporosis). También aportan gran cantidad de vitamina K y de clorofila.

Se remojan las semillas durante 12 horas. Al cabo de 6 o 7 días estarán listas para comer.

Germinado de fenogreco (alholva)

Se germinan como las otras semillas, la diferencia es que el tiempo de remojo son 8 horas y pueden estar listas para comer en 4 días. Este germinado contiene una sustancia, la fenogrekina, que interviene en la regulación de la secreción de insulina por el páncreas. También contiene galactomanano que ayuda a mejorar la respuesta a la glucosa en diabéticos y reduce los niveles de colesterol.

Funciona como aperitivo, es decir, tomado al principio de las comidas abre el apetito.

Germinados de lentejas y soja verde

Necesitan unas 14 horas de remojo, y luego del proceso de germinado estarán listas para comer a los 4 o 6 días de la germinación.

Germinados de sésamo y quínoa

Necesitan unas 6 horas de remojo y su tiempo de germinación es de 1 a 3 días.

Germinados de mostaza, berro y lino

Todas estas semillas producen mucílagos que se pegan en las gasas de los tarros. Se ponen en un plato o bandeja y se humedecen o pulverizan 3 o 4 veces al día. Germinan en 4 días.

Germinado de rábano

El rábano, así como la mostaza, un excelente antibacteriano que puede mezclarse con otras semillas para crear un ambiente más protegido. Germina en 4 días.

Germinados de semillas de calabaza

Germinan en 3 o 4 días.

Cuidados y advertencias

Si una germinación no se atiende adecuadamente en sus necesidades de humedad, temperatura y aire, se corre el riesgo de que aparezcan hongos y bacterias no deseados, convirtiendo a un alimento que es un elixir en un tóxico.

Ante cualquier duda hay que desechar cualquier cultivo con mal aspecto y olor y si sospechamos que algo no está bien, podemos sencillamente escaldar las germinaciones con agua a punto de hervir apenas unos segundos. Esto es recomendable para quienes estén delicados de salud, ya que es importante no consumir hongos o bacterias indeseadas.

Se deben evitar las semillas partidas y las muy procesadas que pueden estar irradiadas y tratadas con sustancias químicas (incluso es probable que no germinen).

Si tenemos la posibilidad de elegir, optemos por las de cultivo orgánico y comprobaremos que germinan todas o casi todas. La tasa de germinación no debería ser inferior al 90%, de otra forma significa que las semillas no son frescas.

Las semillas que se compran para sembrar, tienen un tratamiento con fungicidas y/o insecticidas y por lo tanto son tóxicas para el consumo directo: no se pueden usar para germinados que luego serán consumidos.

Utilizaremos las semillas que generalmente se usan para preparar comidas y que se consiguen en dietéticas y otros comercios que venden alimentos: porotos de soja, semillas de girasol, trigo y cebada, mijo, alfalfa.

Los brotes de la familia de las solanáceas tienen componentes que son tóxicos para los seres humanos, ¡no deben utilizarse! Entre ellas se encuentran las de berenjenas, todo tipo de pimientos, tomates, papas, batatas.

Si el agua tiene microbios o parásitos e ingerimos los brotes crudos, también incorporamos estos organismos. Por lo tanto, hay que utilizar agua hervida, tratada o envasada de buena calidad.

En algunas condiciones de exceso de humedad o temperatura demasiado alta, se forman hongos o moho. Hay que descartar los brotes si ocurre esto, y para evitarlo la próxima vez podemos agregar media cucharadita de bicarbonato de sodio por litro de agua que usemos para humedecerlos.

Hay semillas más sensibles a los hongos, como lo son los brotes de soja común (amarilla), por eso generalmente se utiliza una variedad de soja llamada mung.

¿Cuándo están listos?

Los brotes de soja verde (porotos mung) se cosechan cuando tienen unos 4 centímetros de largo, y no se debe esperar que desarrollen las hojas. Nuestra huerta puede ser un lugar oscuro (por ejemplo el horno de la cocina).

Los demás brotes, en su mayoría, se cosechan cuando vemos que ya se han formado las dos primeras hojitas y tienen un un color verde intenso. Los tiempos varian de unos 3 a 4 días hasta una semana. Se enjuagan antes de consumir y se trata de no acumularlos, sino de hacer pequeñas cantidades habitualmente. De ser necesario conservarlos por un día o dos, se guardan en la heladera en recipientes tapados y se vigila que no generen hongos.

Leches vegetales

Las leches vegetales son un excelente sustituto a nuestros hábitos de consumir lácteos comunes, que habitualmente están llenos de aditivos, antibióticos y son alimentos desnaturalizados. Pero estamos tan habituados a nuestros licuados con leche, que no se nos ocurre cambiarlos. La buena noticia es que las leches vegetales tienen un excelente sabor y una textura que nos recordará a la leche común.

Una vez aprendidos los principios básicos para preparar una de las leches vegetales que les ofrecemos aquí, podrán hacer de cualquier tipo. El único límite es la imaginación.

Principios básicos

- Remojar las semillas o nueces en agua por un tiempo suficiente para ablandarlas, 10 a 24 horas serán más que suficientes. El agua deberá ser fría o tibia, aunque algunas veces deberá ser caliente.

- También puede realizarse con las semillas sin remojar (varias recetas lo indican).

- Una vez ablandadas estarán listas para ser molidas, ya sea con un procesador de alimentos o con una licuadora o con cualquier instrumento culinario que pueda fragmentar finamente o moler las semillas.

- Usar una cantidad apropiada de semillas, si la mezcla es muy concentrada, se deberá diluir al gusto propio.

- Se pueden filtrar los preparados con un paño limpio en caso de preferir un líquido sin sedimentos.

- ¡Sean creativos! Se pueden añadir frutas a gusto. Si está muy concentrado, se puede diluir con agua; si está muy amargo, se añaden frutas o miel o cualquier endulzante natural como la estevia rebaudiana.

- La mayoría de las recetas indican endulzar la bebida, pero esto puede omitirse en caso de necesitar la leche vegetal para hidratar una salsa o comida salada (por ejemplo en el caso de la leche de coco).

Leche de almendras

Contiene fósforo, potasio, magnesio, calcio, hierro, azufre, cloro, aluminio, manganeso, cobre, cinc, vitaminas A, E, B 1, B 2 y PP.

Es un alimento muy energético, ideal para el frío.

Favorece la producción de leche materna. Mejora problemas del sistema nervioso y es un desinfectante a nivel intestinal.

Está recomendada para personas con problemas hepáticos, desnutridas, para diarreas por intolerancias digestiva. Además, favorece el desarrollo de los niños.

Ingredientes (para unas 4 o 5 tazas):
1 taza de almendras peladas.
4 tazas de agua fría.
Semillas de sésamo, a gusto (aumenta el calcio en las bebidas), opcional.
Miel, a gusto.

Preparación:
Para pelar las almendras ponerlas en agua hirviendo de 5 a 7 minutos. Luego refregarlas con un paño limpio, cuidando no quemarnos las manos. Las pieles se desprenderán con facilidad. Dejarlas en remojo toda la noche.

Mezclar todos los ingredientes en una licuadora (batidora) hasta que se tenga una mezcla homogénea, dejar reposar por unos 30 minutos y colar la mezcla con un paño fino o colador. Se puede agregar un poco de pasas, vainilla o miel para darle mejor sabor.

Guardar la "leche" en el refrigerador.

Leche de palta

Ingredientes:
1 vaso, aproximadamente 250 cc, de leche de almendras.
La pulpa de 2 paltas pequeñas y maduras.
2 manzanas.
2 cucharadas de miel.

Preparación:
Quitar las semillas y pelar las manzanas. Mezclar todos los ingredientes en una batidora hasta obtener una mezcla homogénea.

Se puede cambiar agregando otra fruta o se puede cambiar la leche de almendras por otro tipo de leche vegetal.

Leche de arroz

Tiene un valor nutritivo igual al trigo y tres veces más alto que las papas. Es energético y se tolera a nivel gástrico.

El arroz integral mejora la hipertensión, las hepatopatías y las diarreas moderadas. Facilita un embarazo y parto óptimo, siendo muy adecuado para dietas libres de colesterol y ácido úrico.

Ingredientes (para 4 o 5 tazas):
4 tazas de agua caliente o tibia.
1 taza de arroz cocinado (integral o blanco).
1 cucharadita de vainilla.

Preparación:
Mezclar todos los ingredientes en una licuadora (batidora) hasta obtener una mezcla homogénea. Dejar que se asiente por unos 30 minutos y colar la mezcla resultante.

Se puede saborizar con frutas y endulzantes naturales.

Leche de avellanas

Ingredientes:
4 cucharadas de crema de avellanas (o una taza de avellanas enteras).
4 o 5 tazas de agua fría.
1 cucharadita de vainilla.
Miel o azúcar integral, a gusto.

Preparación:
Si se usan avellanas enteras hay que dejarlas en remojo toda la noche. Luego, mezclar los ingredientes en una licuadora (batidora) por unos 5 minutos hasta obtener una mezcla homogénea. Colar el líquido resultante y llevarlo al refrigerador hasta el momento de servirlo frío o caliente. Añadir miel o azúcar integral a gusto.

Leche de avena

Posee proteínas. De los ocho aminoácidos necesarios ("esenciales" y dos semi-esenciales) para la vida, la avena contiene seis, mientras que otros cereales contienen uno o dos, es por eso que combinada con soja se obtiene una proteína similar a la animal.

Es el cereal con más grasa vegetal, conteniendo un 70 por ciento de ácidos grasos insaturados y un 40 por ciento de ácido linoleico. La buena noticia es que no nos hace engordar.

Contiene los hidratos de carbono de absorción lenta o también llamados complejos, aquellos que nos proporcionan energía durante largo tiempo después de haberlos absorbido, sin tener la sensación de cansancio que proporcionan los cereales refinados y el azúcar.

Contiene vitamina B1, B2, E, PP, D, niacina, caroteno y además azufre, calcio, fósforo, potasio, sodio, hierro, magnesio, cobre y zinc. Por su riqueza en fósforo es un alimento muy conveniente para la actividad cerebral, y por su contenido en azufre es útil en los problemas de la piel y la fragilidad de las uñas.

Las fibras que contiene son de extraordinaria importancia para una buena digestión.

Ingredientes:
4 tazas de agua fría.
1 banana u otra fruta de estación no cítrica, adecuada al biotipo.
2 tazas de avena cocida.
1 cucharadita de vanilla.
Endulzante natural a gusto.

Preparación:
Mezclar todos los ingrediente en una licuadora por 2 o 3 minutos. Se puede colar, de lo contrario colocar esta mezcla homogénea en el refrigerador. Batir bien antes de consumirse.

Leche de castañas de cajú

Ingredientes:
1 taza de cajú crudo bien lavado.
4 cucharaditas de miel o azúcar integral.
5 y ½ tazas de agua caliente.

Preparación:
Mezclar en una licuadora el cajú con una taza de agua por unos 5 segundos a alta velocidad. Luego bajar la velocidad a mínima y licuar por otros 15-20 segundos.

Añadir otra taza de agua a la mezcla y dejar que se asiente. Añadir otras dos tazas de agua caliente y con un paño limpio exprimir todo el contenido de la mezcla.

Repetir el proceso con el resto de agua. Añadir el endulzante y mantener refrigerada.

Leche de semillas de calabaza

Las semillas de calabaza contienen un 50 por ciento de grasas vegetales, entre ellas los ácidos linoléicos y linolénicos, además son ricas en hormonas vegetales, vitaminas A, E y F, aminoácidos esenciales como la arginina, fósforo, magnesio, hierro y zinc.

Ayudan disminuyendo la inflamación de la próstata. Rejuvenecen, aumentan las defensas, mejoran la visión y destruyen los parásitos intestinales, incluida la tenia.

Ingredientes:
1 taza de semillas de calabaza cruda bien lavada.
4 cucharaditas de miel o azúcar integral.
7 ½ tazas de agua caliente.

Preparación:
Mezclar en una licuadora las semillas de calabaza con una taza de agua por unos 5 segundos a alta velocidad, luego bajar la velocidad a mínima y licuar por otros 15-20 segundos. Añadir otra taza de agua a la mezcla y dejar que la mezcla se asiente. Añadir otras dos tazas de agua caliente y con un paño limpio exprimir todo el contenido de la mezcla. Repetir el proceso con el resto de agua.
Añadir los endulzantes y mantener refrigerada.

Leche de coco

Ingredientes:
1 coco, aproximadamente 250 g.
4 o 5 tazas de agua fría.
Miel o azúcar integral, a gusto.

Preparación:
Dejar la parte interior blanca del coco picada en trocitos, en remojo toda la noche.
Agregar el agua y licuar hasta que quede una mezcla homogénea. Dejar reposar unos 30 minutos y colar. Servir fría, añadiendo miel o azúcar si se desea.
Se puede usar el sedimento restante para preparar postres.

Leche de girasol

Ingredientes:
1 taza de semillas de girasol sin sal.
3 cucharaditas de miel o endulzantes naturales.
6 y ½ tazas de agua caliente.

Preparación:
Mezclar en una licuadora las semillas de girasol con una taza de agua por unos 5 segundos a alta velocidad, luego bajar la velocidad a mínima y volver a licuar por otros 15-20 segundos. Añadir otra taza de agua a la mezcla y dejar que se asiente. Añadir otras dos tazas de agua caliente y con un paño limpio exprimir todo el contenido de la mezcla. Repetir el proceso con el resto de agua. Añadir los endulzantes naturales y mantener refrigerada. Esta leche tiene una coloración verdosa.

Leche de mijo

Ingredientes:
1 taza de mijo pelado crudo bien lavado.
4 cucharaditas de miel o endulzante natural.
5 y ½ tazas de agua caliente.

Preparación:
Mezclar en una licuadora el mijo con una taza de agua por unos 5 segundos a alta velocidad, luego bajar la velocidad a mínima y volver a licuar por otros 15-20 segundos. Añadir otra taza de agua a la mezcla y dejar que la mezcla se asiente.

Añadir otras dos tazas de agua caliente y con un paño limpio exprimir todo el contenido de la mezcla. Repetir el proceso con el resto de agua. Añadir los endulzantes naturales y mantener refrigerada.

Leche de nueces de pecán

Ingredientes:
1 taza de pecán crudas y bien lavadas.
4 cucharaditas de miel o endulzantes naturales.
4 y ½ tazas de agua caliente.

Preparación:
Mezclar en una licuadora las nueces de pecán con una taza de agua por unos 5 segundos a alta velocidad, luego bajar la velocidad a mínima y volver a licuar por otros 15-20 segundos. Añadir otra taza de agua a la mezcla y dejar que la mezcla se asiente. Añadir otras dos tazas de agua caliente y con un paño limpio exprimir todo el contenido de la mezcla. Repetir el proceso con el resto de agua. Añadir los endulzantes naturales y mantener refrigerada.

Leche de quínoa

Ingredientes:
1 taza de quínoa cruda y bien lavada.
4 cucharaditas de miel o azúcar morena.
7 y ½ tazas de agua caliente.

Preparación:
Mezclar en una licuadora la quínoa con una taza de agua por unos 5 segundos a alta velocidad, luego bajar la velocidad a mínima y volver a licuar por otros 15-20 segundos. Añadir otra taza de agua a la mezcla y dejar que la mezcla se asiente.

Añadir otras dos tazas de agua caliente y con un paño limpio exprimir todo el contenido de la mezcla. Repetir el proceso con el resto de agua. Añadir los endulzantes naturales y mantener refrigerada.

Leche de soja

Ingredientes:
250 g de porotos de soja blanca.
3 litros de agua fría.
Canela al gusto.

Preparación:
Remojar la soja toda una noche. Mezclar todos los ingredientes en una licuadora y hervir la mezcla resultante por 30 minutos. Retirar la mezcla del fuego, volver a calentar y, cuando comience a hervir, colar. Mantener refrigerada.

Leche de nuez

Ingredientes:
1 taza de nueces crudas y bien lavadas.
4 cucharaditas de miel o endulzantes naturales.
5 y ½ tazas de agua caliente.

Preparación:
Mezclar en una licuadora las nueces con una taza de agua por unos 5 segundos a alta velocidad, luego bajar la velocidad a mínima y volver a licuar por otros 15-20 segundos. Añadir otra taza de agua a la mezcla y dejar que la mezcla se asiente.
Añadir otras dos tazas de agua caliente y con un paño limpio exprimir todo el contenido de la mezcla. Repetir el proceso con el resto de agua. Añadir los endulzantes naturales y mantener refrigerada.

Quesos vegetales

No todos los quesos tienen beneficios para nuestra salud. Por lo general, la mayoría de los quesos industrializados contienen mucha sal, grasas nocivas, aditivos químicos y bacterias dañinas que los convierten en un producto que genera más toxinas que nutrientes. Para digerirlos utilizamos gran parte de la fuerza de nuestro fuego digestivo, por lo que en muchos casos se ocasionan desechos y depósitos de grasa. Su exceso de sal genera sequedad en la piel y las mucosas, provocando un trabajo extra para nuestro hígado.

Los quesos más saludables son los quesos sin fermentar, o los quesos vegetales, como el tofu y el panir (el requesón casero fresco), que ya hemos mencionado entre nuestras recetas.

Debemos aclarar que los quesos vegetales y caseros no tienen igual sabor, textura o consistencia que los comerciales, pero nos dan buenos resultados a la hora de realizar combinaciones alimentarias más saludables.

Algunas de las recetas que aquí les acercamos han sido adaptadas de una excelente página de Facebook, *Quesos Veganos (Recetas)*, que cuenta con una gran cantidad de comentarios de gente que ha probado cada una de las sugerencias.

Aclaración importante: cuando en estas últimas figura "levadura de cerveza", no se trata de la utilizada para hacer panes, sino que hablamos de la levadura nutricional que se puede consumir cruda (ya sea en copos o en polvo), que en las dietéticas se consigue fácilmente.

Queso de castañas de cajú

Ingredientes:
¼ de taza de castañas de cajú picadas.
1 taza de mijo cocido.
1 cucharada de cebolla en polvo.
¼ de cucharadita de ajo en polvo.
2 cucharadas de jugo de limón.
2 cucharadas de tahine o pasta de sésamo.

1-2 cucharadas de miso.
2 cucharaditas de vinagre de manzana.
4-6 cucharaditas de levadura virgen neutra en polvo.
½ cucharadita de polvo de mostaza.
Una pizca de nuez moscada.
2 cucharadas de perejil picado.
1 cucharada de cebolla de verdeo picada.

Preparación:
Colocar el mijo cocido en una procesadora para hacer una pasta suave. Agregar las castañas de cajú molidas y procesar nuevamente. Añadir el tahine, el jugo de limón y el miso, y procesar nuevamente. Incorporar el resto de las especias y aderezar a gusto.

Este queso es ideal para untar y para utilizar en ensaladas. También puede diluirse para usarse como aderezo líquido para éstas (se puede diluir con alguna leche vegetal).

Puede ser conservado en un recipiente cerrado en el refrigerador por 3 o 4 días.

Queso de sésamo

Ingredientes:
½ taza de tahine o pasta de sésamo.
¼ de taza de jugo de limón.
4 cucharadas de levadura virgen neutra en polvo.
½ taza de pimiento rojo picado.
1 ½ cucharadita de sal.
1 cucharadita de polvo de cebolla o 1 cebolla pequeñita picada.
½ cucharadita de polvo de ajo o 1 diente y ½ de ajo fresco.
5 cucharadas de agar agar disuelta en ½ taza de agua fría.

Preparación:
En la licuadora colocar ½ taza de agua caliente adicional. Añadir todos los demás ingredientes y licuar hasta obtener una crema. Colocarla en un molde y luego en el refrigerador. Se puede usar un molde pequeño de hacer pan. Cuando ya tenga consistencia sólida, se lo corta en pedazos y se lo disfruta.

Queso de agar agar

Ingredientes:
1 taza de agua y 1 taza de agar agar (unir y hervir por 1-3 minutos).
1 ¼ taza de agua bien caliente.
2 tazas de semillas de cajú crudas y sin sal.
¼ taza de levadura de cerveza virgen neutra.
1 cucharadita de sal.
2 cucharaditas de polvo de cebolla o 1 cebolla pequeñita picada.
½ cucharadita de polvo de ajo o 1 a 2 dientes de ajo fresco.
½ taza de jugo de limón,
¾ taza de pimiento rojo picado.

Preparación:
Licuar en el agua caliente las semillas de cajú, la cebolla, el ajo y el pimiento, luego añadir al agar agar y dejar que se enfríe un poco. Añadir los demás ingredientes mientras se lo mueve y se convierte en una crema consistente. Colocar en un molde de pan y cubrir antes de refrigerarlo.

Salsa picante de queso vegetal

Ingredientes:
120 g de harina a elección.
120 g de levadura de cerveza en copos o en polvo.
1 cucharadita de sal.
1 cucharadita de chile en polvo.
½ cucharadita de cebolla en polvo.
½ cucharadita de pimentón (dulce o picante).
¼ de cucharadita de ajo en polvo.
¼ de cucharadita de orégano seco.
⅛ de cucharadita de pimienta de cayena en polvo.
480 ml de agua o leche vegetal al natural (no endulzada).
60 ml de aceite de oliva.
½ cucharadita de mostaza preparada.

½ cucharadita de miso.
60 g de cilantro fresco picado (opcional).

Preparación:
Mezclar la harina, la levadura de cerveza y las especias en una cacerola. Volcar y mezclar gradualmente el agua (o leche vegetal), el aceite de oliva, y la mostaza. Cocinar a fuego medio, removiendo casi constantemente, hasta que esté burbujeante, espeso y homogéneo. Retirar del fuego, añadir y mezclar el miso.

Si usamos cilantro, lo mezclamos con nuestra salsa justo antes de servir.

Queso tipo gouda vegetariano

Ingredientes:
420 ml de agua.
1 taza de zanahoria picada.
5 cucharadas de copos de agar agar o una cucharada y ½ de agar agar en polvo.
120 g de pistachos crudos picados.
60 g de levadura de cerveza virgen neutra.
45 ml de tahine o pasta de sésamo.
45 ml de jugo de limón.
15 ml de mostaza de Dijon.
2 cucharaditas de cebolla en polvo.
1 cucharadita de sal.
½ cucharadita de ajo en polvo.
½ cucharadita de mostaza en polvo.
¼ de cucharadita de cúrcuma.
¼ de cucharadita de pimentón dulce.
¼ de cucharadita de comino molido.

Preparación:
Untar ligeramente con aceite un molde y reservar. Mezclar el agua y las zanahorias en una cacerola, llevar a ebullición, reducir el fuego, cubrir, y cocinar hasta que las zanahorias estén

muy tiernas, entre 10 y 15 minutos. Echar el agar agar, llevar de nuevo a ebullición, reducir el fuego y dejar hervir, removiendo constantemente hasta que el agar agar esté disuelto, entre 5 y 10 minutos.

Mezclar con el resto de ingredientes, batir todo durante varios minutos hasta que quede completamente homogéneo. Volcar en el molde, aplanando su superficie.

Dejar enfriar sin tapar. Cuando esté completamente frío, refrigerar cubierto durante varias horas o toda la noche.

Para servir, desmoldar y cortar en fetas.

Queso tipo feta vegetariano

Ingredientes:
450 g de tofu (firme) cortado en cubos de algo más de 1 cm por lado.
360 ml de agua.
120 ml de miso blanco.
3 cucharadas (45 ml) de vinagre de vino blanco.
2 cucharaditas de sal.

Preparación:
Echar el agua y los cubos de tofu en una cacerola, llevar a ebullición, reducir el fuego, tapar y cocinar por 5 minutos. Escurrir bien.

Mientras hierve el tofu, hacer la marinada en un bowl, mezclando bien el miso, el vinagre y la sal. Añadir los cubos de tofu calientes a la marinada y dejar enfriar a temperatura ambiente por unos 20 minutos. Refrigerar sin tapar hasta que esté frío al tacto. En ese momento, tapar el recipiente y refrigerar entre 2 y 7 días antes de servir (cuanto más tiempo, más intenso será el sabor del queso). Remover ocasionalmente para asegurarse de que todos los cubos están bien cubiertos con la marinada. Se conserva al menos 2 semanas en la heladera. Antes de servir, escurrir bien.

Queso tipo feta vegetariano (otra versión)

Ingredientes:

240 g de tofu (firme).
2 cucharadas de vinagre de vino tinto.
4 cucharadas de aceite de oliva extra virgen.
1 cucharada de jugo de limón
½ cucharadita de albahaca seca.
½ cucharadita de orégano seco.
½ cucharadita de sal.
½ cucharadita de ajo en polvo.
Pimienta negra molida, a gusto.

Preparación:

Cortar el tofu en cubitos de medio centímetro por lado. Mezclar bien el resto de los ingredientes y cubrir el tofu con la marinada en un bowl. Tapar y dejar marinar en el refrigerador durante al menos una hora. Este queso es ideal para pizzas (aunque no se funde).

Queso rallado (parmesano)

Ingredientes:

120 g de almendras crudas (se pueden usar sésamo tostado, nueces tostadas, almendras peladas tostadas, etc.)
30 g a 45 g de levadura de cerveza en copos.
¼ o 1 cucharadita de sal.
1 cucharadita de cebolla en polvo y otra de ajo en polvo (opcional).
1 cucharadita de pimienta de cayena, orégano, ají molido, pimentón, etc. (opcional)
También se pueden usar almendras y levadura en partes iguales (60 g de cada una), o incluso el doble de levadura de cerveza (240 g) que de almendras.

Preparación:

Moler bien los ingredientes. Conservar en la heladera, en un recipiente hermético y agitarlo antes de usar. Se conservará al menos un mes y se puede congelar.

Salchichas vegetarianas
(para disfrutar con los quesos...)

Se pueden hacer con gluten de trigo o con tofu, mezclándolo con especias y harinas, y posteriormente cociéndolas al horno o hirviéndolas en agua.

Lo importante es lograr una masa densa pero elástica que conserve la forma, además de que tenga un sabor agradable. La forma es fácil de conseguir, basta con enrollar la masa con un lienzo o papel de aluminio y retorcer los bordes, como si fuese un caramelo.

Se pueden hacer cientos de variaciones, agregando las especias que más nos gusten, otras verduras, trocitos de quesos vegetales, frutos secos, legumbres, etc.

Receta básica con gluten de trigo

Ingredientes:
1 taza de gluten de trigo.
1 cucharada de harina de garbanzo.
2 cucharadas de salsa de soja.
1 cucharada de aceite de oliva.
Ajo, nuez moscada, tomillo, romero y perejil, a gusto.

Preparación:
Mezclar todos los ingredientes en un bowl e ir añadiendo agua hasta formar una masa no muy seca, que se rompa fácilmente. Esta masa debe ser muy elástica por el contenido de gluten.

Para cada salchicha utilizar 2 cucharadas de masa y ponerlas en papel de aluminio. Enrollarlo bien tirante y retorcer los bordes para compactar la masa.

Cocinar las salchichas en el horno con un fuego mediano por 20 minutos, dejar enfriar y desenvolver. Las salchichas estarán listas para dorar a la sartén y ser utilizadas en emparedados, bocadillos, platos de pasta, canapés, y un sinfín de deliciosas preparaciones.

Es conveniente utilizar gluten de trigo en polvo, no gluten casero hecho lavando harina. Si se abren o revientan las salchichas en el horno, es que tenían demasiada agua.

Guías de alimentos para tipos constitucionales

Estas listas permitirán adaptar las distintas recetas de este libro para cada tipo constitucional. Si la receta indica una cierta combinación de frutas, vegetales o condimentos, hay que buscarlos en la lista. Si se considera que no son los más convenientes, se los puede cambiar por alguno de los alimentos que equilibran nuestro biotipo. Y tener siempre presente que, a la hora de cocinar, la creatividad es una aliada de la salud.

VATA

AGRAVA VATA	EQUILIBRA VATA
Frutas Arándano agrio, ciruelas secas, frutas secas, granada, manzanas, membrillo, peras, sandía.	**Frutas** Ananá, bananas, cerezas, ciruelas, coco, damascos, dátiles, duraznos, frutillas, higos frescos, kiwi, limas, limones, mango, melón dulce, naranjas, palta, papaya, pasas (remojadas), pomelo, ruibarbo, frambuesas, uvas.
Verduras Apio, arvejas, berenjena, brócoli (ocasionalmente), brotes (con moderación), raíz de bardana, cebolla cruda, choclo (ocasionalmente), coliflor, espinaca (con moderación), feezados (secos o crudos), hojas de rábano, hojas de remolacha, hojas verdes (con moderación), hongos, lechuga, papa blanca, perejil (con moderación), pimientos, repollitos de bruselas, repollo, tomate.	**Verduras** Aceitunas verdes y negras, alcauciles, batata, cebolla cocida, chauchas (bien cocidas), espárragos, hojas de fenogreco, hojas de mostaza, rábano picante (ocasionalmente), chirivía, pepino, puerros cocidos, rabanito, remolachas, berro, zanahorias, zapallito, zapallito amarillo, zapallo, zucchini.
Cereales Alforfón, avena seca, cebada, centeno, granola, maíz, mijo, panes de arroz (ocasionalmente), quinoa, salvado de avena, salvado de trigo (en exceso).	**Cereales** Amaranto (con moderación), arroz integral, avena cocida, todos los arroces (incluyendo el integral), trigo.
Carnes Cerdo, conejo, cordero, venado.	**Carnes** Camarón, frutos de mar, pato y huevo de pato, peces de agua fría, pollo o pavo (carnes blancas) y huevos, vaca.

AGRAVA VATA	EQUILIBRA VATA
Legumbres Arvejas partidas, garbanzos, harina de soja, lentejas comunes, porotos blancos, porotos de soja, porotos negros, porotos pinto.	**Legumbres** Con moderación: leche de soja líquida, lentejas negras, lentejas rojas, porotos aduki, porotos mung, tofu.
Frutas secas Ninguna.	**Frutas secas** Con moderación: almendras, avellanas, castañas de cajú, coco, maní, nueces, pacana o pecán, pistachos.
Semillas Psyillium.	**Semillas** Chía, girasol, lino, sésamo, zapallo.
Endulzantes Azúcar blanca.	**Endulzantes** Concentrados de jugos, fructosa, jarabe de arroz marrón, jarabe de malta de cebada, jugo de caña de azúcar, la mayoría de las frutas, melaza, miel, miel de maple.
Condimentos Brotes (con moderación), cebolla cruda, chile (con moderación), jengibre seco (con moderación), ketchup.	**Condimentos** Ajo, cebolla cocida, chutney de mango, chutney de papaya, cilantro (con moderación), coco, alga dulse, alga kombu, ghee, gomasio, hojas de menta (con moderación), jengibre fresco, lechuga (con moderación), lima, limón, mayonesa, mostaza, pickle de lima, pickle de mango, pickles, pimienta negra (con moderación), queso cottage, queso rallado, rábano, rábano picante, sal, salsa de soja, semillas de sésamo negro, tamarindo, yogur.

AGRAVA VATA	EQUILIBRA VATA
Especias Hojas de neem (con moderación).	**Especias** Agua de rosas, ajo, albahaca, alcaravea, anís, anís estrellado, asafétida, azafrán, canela, cardamomo, pimienta de cayena (con moderación), cebolla cocida, clavos, comino, comino del prado, coriandro, cúrcuma, eneldo, estragón, extracto de almendra, fenogreco (con moderación), hinojo, hojas de laurel, jengibre, macís, mango seco en polvo (amchoor), mejorana, menta peperita, nuez moscada, orégano, perejil, piel de naranja, paprika, pimentón, pimienta negra (con moderación), rábano picante, romero, salvia, semillas de amapola, semillas de mostaza, tamarindo, tomillo, vainilla.
Lácteos Leche de cabra en polvo.	**Lácteos** Todos los lácteos (con moderación), crema ácida (con moderación),helado (con moderación), leche de cabra líquida (con moderación), leche de vaca, quesos blandos, queso de cabra, quesos duros, yogur.
Aceites Ninguno.	**Aceites** Todos están bien, especialmente el de sésamo.

AGRAVA VATA	EQUILIBRA VATA
Bebidas Bebidas carbonatadas, bebidas congeladas, bebidas lácteas frías, cafeína, caldos envasados sazonados, jugo de arándano agrio, jugo de ciruela, jugo de granada, jugo de manzana, jugo de pera, licuado de higo, tés picantes (ocasionalmente).	**Bebidas** Alcohol (con moderación), almendras, bebidas lácteas calientes, bebidas saladas, café, caldo de miso, chocolate, jugo de aloe vera, jugo de ananá, jugo de cereza, jugo de damasco, jugo de frutilla, jugo de mango, jugo de naranja, jugo de papaya, jugo de pomelo, jugo de uva, jugo de vegetales mezclados, jugo de zanahoria y combinado con jengibre, leche de coco, leche de soja (bien especiada y caliente), leche especiada caliente, licuado de banana, licuado de dátiles, limonada, néctar de durazno, jugo de zanahoria, tés granulados , tés y jugos agrios, tragos rejuvenecedores.
Tés de hierbas Alfalfa (ocasionalmente), bardana, borraja, cebada (ocasionalmente), crisantemo (con moderación), diente de león, frutilla (con moderación), hibiscus (con moderación), hisopo, jazmín ortiga (ocasionalmente), pasionaria, té mormón, trébol rojo (ocasionalmente), violeta (ocasionalmente), yerba mate (ocasionalmente), zarzamora.	**Tés de hierbas** Albahaca, azafrán, bálsamo de limón, canela, clavos, eucalipto, fenogreco (con moderación), flor de sauco, flores de rosa, frambuesa (ocasionalmente), frutos de enebro, hinojo, hisopo, jengibre fresco, jengibre silvestre, lavanda, lemon grass, loto, malvavisco, manzanilla, menta peperita, pennyroyal, piel de naranja, regaliz, rosa mosqueta, salvado de avena, salvia, zarzaparrilla, espirulina y otras algas azul-verdosas.

PITTA

AGRAVA PITTA	EQUILIBRA PITTA
Frutas Ananá agria, bananas, ciruelas agrias, arándanos, damascos agrios, durazno, frambuesas agrias, frutas agrias, frutillas, guindas (ácidas), kiwi (ocasionalmente), lima (en exceso), limones, manzanas agrias, naranja agria, papaya, pomelo, ruibarbo, uvas verdes.	**Frutas** Ananá dulce, ciruela dulce, ciruelas secas, coco, damascos dulces, dátiles, frambuesas dulces, frutas dulces, granada, higos, mango, manzanas dulces, melones, membrillo dulce, naranjas dulces, palta, pasas de uva, peras, sandía, uvas dulces.
Verduras Aceitunas verdes, ají picante, ajo, berenjena (ocasionalmente), cebolla cruda, cebollas, cocidas (ocasionalmente), espinaca (ocasionalmente), hojas de fenogreco, hojas de mostaza, hojas de rábano, hojas de remolacha, puerros cocidos, rabanito, rábano, remolachas, tomates, zanahoria (ocasionalmente), zapallo.	**Verduras** Aceitunas negras (con moderación), acorn squash, alcauciles, apio, arvejas, batatas, berro (con moderación), brócoli, brotes, chaucha, choclo, coliflor, espárrago, hongos, lechuga, papas, pepino, perejil, pimientos, repollitos de bruselas, repollo, remolacha, zapallito, zapallito amarillo, zapallo, zucchini, diente de león.
Cereales Amaranto (ocasionalmente), arroz integral (ocasionalmente), avena seca, trigo sarraceno, centeno, granola de avena, maíz, mijo, quinoa, salvado de avena (con moderación).	**Cereales** Arroz basmati, arroz blanco, avena cocida, cebada, granola de trigo, salvado de trigo, tortas de arroz, trigo.

AGRAVA PITTA	EQUILIBRA PITTA
Carnes Cerdo, cordero, frutos de mar, pato, vaca, venado, yema de huevo.	**Carnes** Camarones (con moderación), conejo, huevo blanco, peces de agua fría (con moderación), pollo o pavo (carnes blancas).
Legumbres Lentejas negras, lentejas rojas.	**Legumbres** Arvejas partidas, chana dal, garbanzos, harina de soja (con moderación), lentejas, polvo de soja (con moderación), porotos aduki, porotos blancos, porotos de soja, porotos mung, porotos negros, productos de soja: tofu, leche líquida.
Frutas secas Almendras, avellanas, castañas, de cajú, maní, nueces ¿negras?, nuez de pino, pecana o pecán, pistachos.	**Frutas secas** Ninguna.
Semillas Chía, sésamo.	**Semillas** Calabaza (con moderación), girasol.
Endulzantes Azúcar integral de caña, melaza, miel (con moderación).	**Endulzantes** Almíbar de arroz, azúcar blanca (con moderación), fructosa, jarabe de malta de cebada, jarabe de maple, jugo de caña de azúcar, jugos de fruta concentrados.

AGRAVA PITTA	EQUILIBRA PITTA
Condimentos Ajo, algas marinas, sin enjuagar (en exceso), cebolla (especialmente cruda), chutney de papaya, gomasio, jengibre, ket-chup, lima, limón, mayonesa, mostaza, pickle de lima, pickle de mango, pickles, pimientos chile, queso rallado, rabanito, rábano picante, sal (en exceso), salsa de soja, semillas de sésamo negras, tamarindo (con moderación), yogur sin diluir.	**Condimentos** Brotes, chutney de mango, cilantro, coco, alga dulse (bien enjuagada), ghee, alga hijiki (bien enjuagada), hojas de menta, alga kombu, lechuga, pimienta negra (con moderación), queso cottage - panir.
Especias Ajo (especialmente crudo), albahaca, polvo de mango seco, anís, anís estrellado, asafétida, cebolla (especialmente cruda), clavos, estragón, extracto de almendra, fenogreco, hojas de laurel, jengibre, macís, mejorana, nuez moscada, orégano, pimentón, pimienta de cayena, rábano picante, romero, salvia, semillas de amapola, semillas de mostaza, tamarindo, tomillo.	**Especias** Agua de rosas, azafrán, canela (con moderación), cardamomo (con moderación), comino, coriandro, cúrcuma, eneldo, hinojo, hojas de albahaca frescas (con moderación), hojas de neem, menta, menta peperita, perejil (con moderación), piel de naranja (con moderación), pimienta negra (con moderación), vainilla (con moderación).
Lácteos Crema ácida, manteca salada, queso de oveja, quesos duros, yogur.	**Lácteos** Ghee, helado, la mayoría de los quesos semi blandos, leche de cabra, leche de vaca, manteca sin sal, queso cottage - panir, yogur diluido (1 parte por 2-3 partes de agua).
Aceites Almendra, damasco, maíz, sésamo.	**Aceites** Coco; con moderación: girasol, nuez, oliva, palta, soja.

AGRAVA PITTA	EQUILIBRA PITTA
Bebidas Alcohol, bebidas altamente saladas, bebidas carbonatadas, bebidas heladas, café, cafeína, caldo de miso (en exceso), chocolate, combinaciones de jugo de zanahoria con vegetales, jugo de arándano agrio, jugo de cereza agrio, jugo de naranja (con moderación), jugo de papaya, jugo de pomelo, jugo de tomate, jugo de zanahoria y jengibre, jugo de zanahoria (en exceso), jugo de tomates con vegetales, jugos de frutos rojos agrios, jugos y tés agrios, licuado de banana, limonada, tés picantes (ocasionalmente).	**Bebidas** Bebida rejuvenecedora de almendras, bebidas lácteas frías, caldos vegetales, jugo de aloe vera, jugo de cerezas dulces, jugo de ciruela, jugo de damasco, jugo de frutos rojos dulces, jugo de granada, jugo de mango, jugo de manzanas, jugo de pera, jugo de uva, jugo fresco de vegetales mezclados, leche de cabra, leche de coco, leche de soja, licuado de coco, licuado de dátiles, licuado de higo, néctar de durazno, tés granulados.
Tés de hierbas Albahaca (ocasionalmente), canela (ocasionalmente), clavo, eucalipto, fenogreco, frutos de enebro, ginseng, hisopo, jengibre fresco, jengibre silvestre, rosa mosqueta, salvia, yerba mate.	**Tés de hierbas** Achicoria, alfalfa, azafrán, bálsamo de limón, borraja, cebada, trébol rojo, crisantemo, diente de león, flor de sauco, frambuesa, frutilla, hibiscus, hinojo, hoja o paja de avena, hisopo, jazmín, lavanda, lemon grass, loto, malvavisco, manzanilla, menta peperita, mora, ortiga, pasionaria, piel de naranja (con moderación), raíz de bardana, regaliz, zarzaparrilla, violeta.
Otros Espirulina y otras algas verdes azuladas.	

KAPHA

AGRAVA KAPHA	EQUILIBRA KAPHA
Frutas Ananá, banana, ciruelas, coco, dátiles, frutas dulces y agrias, higos frescos, kiwi (moderadamente), lima, limones, melones, naranjas, palta, papaya, pomelo, ruibarbo, sandía, uvas (moderadamente).	**Frutas** Cerezas, ciruelas secas, arándanos, damascos, duraznos, frambuesas, frutillas (moderadamente), granada, higos secos, mango, manzanas, membrillo, pasas de uva, peras.
Verduras Aceitunas verdes o negras, alcauciles (ocasionalmente), batata, pepino, tomates, zapallito, zucchini.	**Verduras** Ajo, apio, arvejas, bamia, berenjena, berro, brócoli, brotes, raíz de bardana, cebollas, chauchas, choclo, coliflor, crudos, picantes y amargos, rábano picante, espárragos, espinaca, hojas de fenogreco, hojas de rábano, hojas de remolachas, hojas verdes, hongos, lechuga, papa, perejil, pimientos, puerro, rabanito, rábano, remolachas, repollitos de bruselas, repollo, zanahorias, zapallito, zapallito amarillo, zapallo.
Cereales Arroz blanco, arroz integral, avena cocida, trigo.	**Cereales** Trigo sarraceno, amaranto (con moderación), arroz basmati (en pocas cantidades) con clavo o pimienta, avena seca, cebada, centeno, granola baja en grasas, maíz, mijo, galletas de arroz (ocasionalmente), quinoa, salvado de avena, salvado de trigo (ocasionalmente).

AGRAVA KAPHA	EQUILIBRA KAPHA
Carnes Cerdo, cordero, frutos de mar, pato, peces de agua fría, vaca, venado.	**Carnes** Conejo, huevos (no fritos o revueltos con grasa o aceite), pollo o pavo (carne oscura).
Legumbres Harina de soja, leche de soja fría, lentejas comunes, lentejas negras, polvo de soja, porotos blancos, porotos de soja, porotos mung (con moderación), queso de soja, tofu frío.	**Legumbres** Arvejas partidas, chana dal, garbanzos, leche de soja caliente (con moderación), lentejas rojas, porotos aduki, porotos blancos, porotos negros, tofu caliente (con moderación).
Frutas secas Almendras, avellanas, castañas de cajú, coco, maní, nueces brasileras, nueces negras, pecana o pecán, pistachos.	**Frutas secas** Ninguna.
Semillas Sésamo.	**Semillas** Chía, girasol (con moderación), zapallo (con moderación).
Endulzantes Almíbar de arroz, azúcar blanca (con moderación), fructosa, jarabe de malta de cebada, jarabe de maple, jugo de caña de azúcar, jugos de fruta concentrados.	**Endulzantes** Jugos de fruta concentrados, especialmente manzana y pera, miel cruda.

AGRAVA KAPHA	EQUILIBRA KAPHA
Condimentos Algas marinas, bien enjuagadas (con moderación), chutney de mango, chutney de papaya, coco, ketchup, alga kombu (con moderación), limón, lima, mayonesa, pickle de lima, pickles, queso cottage-panir (con moderación), queso rallado, sal, salsa de soja, semillas de sésamo, semillas de sésamo negras, tamarindo, yogur, extracto de almendra (con moderación), polvo de mango seco, tamarindo.	**Condimentos** Ajo, brotes, cebollas, chile, cilantro, ghee (con moderación), hojas de menta, jengibre (especialmente seco), lechuga, mostaza, pimienta negra, rabanitos, rábano picante, agua de rosas, ajo, albahaca, anís, anís estrellado, asafétida, azafrán, canela, cardamomo, cebolla, clavos, comino, coriandro, cúrcuma, eneldo, estragón, fenogreco, hinojo (con moderación), hoja de laurel, hojas de neem, jengibre (especialmente seco), macís, mejorana, menta, menta peperita, nuez moscada, orégano, perejil, piel de naranja, pimentón, pimienta de cayena, pimienta negra, rábano picante, romero, salvia, semillas de amapola, semillas de mostaza, tomillo, vainilla (con moderación).
Lácteos Crema agria, helado, leche de vaca, manteca, quesos de todas las variedades, yogur sin diluir.	**Lácteos** Ghee, leche de cabra, yogur, diluido (1 parte a 4 partes o más de agua).
Aceites Coco, damasco, nuez, oliva, palta, sésamo, soja.	**Aceites** Todos en muy poca cantidad: almendra, girasol, maíz.

AGRAVA KAPHA	EQUILIBRA KAPHA
Bebidas Jugo de tomates, alcohol, bebida rejuvenecedora de almendras, bebidas altamente saladas (como caldos comerciales), bebidas carbonatadas, bebidas heladas, bebidas lácteas frías, caldo de miso (en exceso), chocolate, jugo de naranja, jugo de papaya, jugo de pomelo, jugo de tomate, jugos y tés agrios, leche de coco, leche de soja fría, licuado de banana, licuado de dátiles, limonada, té de regaliz.	**Bebidas** Café (con moderación), con cafeína (con moderación), caldos de vegetales bajos en sal, jugo de aloe vera, jugo de arándano, jugo de cerezas no agrios, jugo de ciruela, jugo de damasco, jugo de frutos rojos, jugo de granada, jugo de mango, jugo de manzana, jugo de uva (ocasionalmente), jugo de vegetales mezclados, jugo de zanahoria, jugo de zanahoria y jengibre, jugos combinados de zanahoria y otros vegetales, leche de cabra caliente y especiada, leche de soja tibia y bien especiada, licuado de higo, néctar de durazno, tés granulados, tés picantes.
Tés de hierbas Consuelda, loto (ocasionalmente), malvavisco, avena, regaliz, rosa mosqueta.	**Tés de hierbas** Achicoria, albahaca, alfalfa, azafrán, bálsamo de limón, borraja, canela, cebada, clavo, clavo rojo, crisantemo, diente de león, eucalipto, fenogreco, flor de sauco, frambuesa, frutos de enebro, ginseng (con moderación), hibiscus, hinojo (con moderación), hisopo, frutilla, jazmín, jengibre silvestre, Jengibre (especialmente seco), lavanda, lemon grass, manzanilla, menta peperita, mora, ortiga, pasionaria, piel de naranja, raíz de bardana, salvia, zarzaparrilla (con moderación), violeta, yerba mate.

AGRAVA KAPHA	EQUILIBRA KAPHA
	Otros Espirulina y otras algas verdes azuladas.

Tabla tridóshica

Esta tabla es la indicada para cuando tenemos que cocinar para grupos de personas. No es conveniente usar esta lista para la comida diaria, ya que no toma en cuenta las necesidades especiales de cada biotipo. De todas formas, habitualmente, nos dejamos guiar por estos alimentos, y vamos incorporando o agregando aquellos que más necesitan nuestros biotipos.

Al principio, es común sentir que es imposible abarcar todo, y que se tiene que estar en la cocina rodeado de listas, o ir al supermercado con el libro en la mano. De ninguna manera debemos sentir que un "error" en la elección de un alimento nos va a perjudicar permanentemente, hay que escuchar al sentido común y a nuestra propia digestión, teniendo que tomar en cuenta el concepto ayurvédico de hábito o frecuencia (en sánscrito: satmya), esto implica que un alimento puede desequilibrarnos, pero si se lo consume ocasionalmente no nos hará nada malo (cuidado con el autoengaño en ese sentido, ya que se puede pensar que "ocasionalmente" es cinco veces por semana). Lo que queremos decir es que uno no tiene que transformarse en una persona paranoica y autoexigente con el alimento. Todos los cambios son graduales, y eso es lo que debemos tener en mente al ir haciendo modificaciones en nuestra dieta.

Vegetales

Usarlos frescos y de estación.

- Alcaucil
- Espárrago
- Bok choy
- Brócoli
- Zanahoria
- Choclo fresco
- Rábano
- Arvejas
- Jicama
- Repollo
- Berro
- Hojas de mostaza
- Cebolla cocida
- Perejil
- Papa
- Espinaca
- Brotes
- Zapallitos
- Batatas
- Berro
- Zapallo
- Calabaza

Frutas

Usar las de estación. Todas las frutas deberían estar maduradas en el árbol y frescas.

- Damascos

- Frutillas
- Cerezas
- Uvas negras
- Limones
- Limas
- Mango
- Duraznos
- Granada
- Pasas de uva
- Tamarindo

Cereales

La mayoría se consiguen todo el año, aquí son categorizados por estaciones.

Invierno/primavera:
Cebada
Arroz basmati integral
Mijo
Quinoa

Primavera/verano:
Cebada
Arroz basmati integral
Arroz basmati blanco
Trigo

Otoño:
Arroz basmati integral
Arroz integral de grano corto
Avena entera cocida
Trigo
Arroz silvestre o salvaje

Granos procesados
Todo el año. Reducir o consumir ocasionalmente.

- Cebada
- Harina de cebada
- Trigo burgol
- Maíz molido
- Harina de maíz
- Cuscus
- Mijo
- Mochi
- Salvado de avena
- Avena arrollada
- Pasta de espinaca o trigo integral.
- Harina de arroz
- Hojuelas de centeno
- Harina de centeno
- Fideos de trigo sarraceno
- Fideos de arroz
- Salvado de trigo
- Harina de trigo integral

Legumbres y derivados

- Porotos aduki
- Porotos mung enteros
- Tofu

Nueces y semillas

- las nueces deben ser usadas ocasionalmente.
- Semillas de zapallo
- Semillas de girasol

Endulzantes

- Amasake
- Jarabe de cebada de malta
- Jugos de fruta concentrados
- Miel pura sin cocinar
- Jarabe de maple

Hierbas, especias y saborizantes

- Pimienta negra
- Cardamomo
- Canela
- Coco
- Coriandro
- Cilantro
- Comino
- Eneldo (semillas y puntas)
- Hinojo
- Ajo cocido
- Ghee
- Jengibre cocido
- Limón
- Hojas de menta
- Mostaza
- Nuez moscada
- Piel de naranja
- Perejil
- Agua de rosas
- Azafrán
- Sal marina
- Tamarindo
- Estragón
- Cúrcuma
- Vainilla

Lácteos

Usar productos orgánicos

- Manteca sin sal
- Queso cotagge - panir
- Ghee
- Yogur especiado

Aceites

- Canola
- Girasol

Bebidas

- Jugo de aloe vera
- Jugo de manzana
- Jugo de damasco
- Amasake
- Jugo de frutilllas
- Jugo de zanahoria y vegetales
- Jugo de uva
- Jugo de mango
- Jugo de durazno
- Leche de soja especiada
- Bebidas de yogur especiadas

Tés de hierbas

- Bancha
- Cebada
- Manzanilla
- Achicoria
- Crisantemo
- Canela
- Clavos

- Flor de sauco
- Hinojo
- Hisopo
- Jazmín
- Bálsamo de limón
- Lemon grass
- Loto
- Piel de naranja
- Menta peperita
- Frambuesa
- Azafrán
- Zarzaparrilla
- Violeta

Glosario de ingredientes

Los alimentos y condimentos reciben nombres distintos en el mundo de habla hispana. Cada país tiene sus denominaciones propias y generalmente ignora las del resto de América y España. En este libro se han utilizado las denominaciones propias de la Argentina pero, para que el lector latinoamericano no tenga dificultades en comprender los ingredientes de las recetas, incluimos el siguiente glosario.

Aceitunas: olivas.

Acorn squash: calabacitas con forma de bellota.

Alcaucil: alcachofa.

Ají: chile.

Amasake: leche de arroz.

Ananá: piña.

Apio: celery

Arándano: blueberry.

Arvejas: guisantes.

Asafétida: especia de origen indio, también llamada neroli.

Arroz basmati: arroz de grano largo y fino, muy utilizado en la India.

Arroz thasmin: variedad de arroz de sabor muy intenso.

Azúcar impalpable: azúcar glass.

Azúcar rubia: azúcar no refinada.

Bálsamo de limón: melisa, toronjil.

Batata: boniato, papa dulce, camote.

Brócoli: brécol.

Bok choy: pak choy, bolshoi.

Calabaza: zapallo anco.

Cebolla de verdeo: cebolleta, cebolla de almácido.

Ciboulette: cebollino.

Cilantro: curantro.

Clavo de olor: clavo.

Crema de leche: nata.

Cúrcuma: especia hindú, colorante natural, ingrediente básico del curry.

Cuscus: sémola de trigo duro.

Champignones: setas de París.

Chana dal: porotos partidos amarillos, de forma y tamaño de las arvejas.

Chauchas: judías.

Chirivía: raíz que se emplea como hortaliza, muy relacionada con la zanahoria, aunque más pálida y con más sabor que ésta.

Choclo: mazorca de maíz.

Damasco: albaricoque.

Durazno: melocotón.

Fenogreco: alholva.

Fécula de maíz: maicena.

Frutillas: fresas.

Garam masala: mezcla de especias muy empleada en la gastronomía de la India.

Germen de trigo: es la parte más nutritiva del grano del trigo que se utiliza como un complemento idóneo para mantener el equilibrio nutricional.

Germinados: brotes.

Ghee: manteca clarificada o aceite de manteca.

Gomasio: sésamo tostado con sal.

Hibiscus: rosa china.

Hongos: setas.

Jengibre: kión.

Jicama: yacon, xicama, nabo mexicano.

Leche en polvo: leche evaporada.

Lemon grass: hierba limón.

Lima: limón sutil.

Macís: mace, cubierta de la nuez moscada.

Mandioca: yuca.

Mango seco en polvo: amchoor.

Maní: cacahuate.

Mochi: arroz pisado dulce.

Morrón: pimiento, generalmente rojo.

Mostaza de Dijon: mostaza de origen francés algo picante y de pronunciado sabor.

Neem: hojas de curry.

Palta: aguacate.

Papa: patata.

Paprika: pimentón de origen húngaro que puede ser dulce o picante.

Pasas de uva: uvas pasas.

Pecana o pecán: variedad de nuez.

Pomelo: toronja.

Porotos: frijoles, frejol.

Porotos aduki: porotos pequeños y rojos, de buen valor nutritivo.

Porotos mung: porotos de soja verde.

Porotos pinto: porotos colorados.

Queso crema: queso blanco.

Rábano picante: wasabi.

Remolacha: betarraga, betabel,

Repollo: col.

Repollitos de Bruselas: coles de Bruselas.

Repollo colorado: lombarda.

Sésamo: ajonjolí.

Soja: soya.

Tahien: pasta de sésamo.

Trigo burgol: variedad de trigo que se obtiene a partir del trigo candeal, el cual es partido, precocido y secado. Es originario de Oriente.

Té mormón: ma huang.

Tofu: queso de soja.

Tomate: jitomate.

Venado: ciervo.

Zapallito: calabacín.

Zuchinni: zapallito largo, zapallito italiano.

Índice